COMMENT AS-TU OSÉ, MAMAN ?

L'auteur

Rosie Rushton vit au Royaume-Uni, à Northampton. Elle a écrit de nombreux ouvrages pour la jeunesse traitant de son sujet de prédilection : la famille et les relations entre adultes et adolescents. Elle anime des ateliers d'écriture à travers toute l'Angleterre, et trouve ainsi matière à nourrir les chroniques qu'elle publie dans divers magazines.

Vous avez aimé

Sophie, Victoria, Olivia, Melissa...

Écrivez-nous
pour nous faire partager votre enthousiasme
Pocket Jeunesse, 12, avenue d'Italie, 75013 Paris.

Rosie Rushton

Comment as-tu osé maman ?

Traduit de l'anglais par Alice Marchand
Avec la collaboration de Christine Féret-Fleury

POCKET
jeunesse

Titre original :
How could you do this to me, Mum ?

Loi n° 49 956 du 16 juillet 1949 sur les publications destinées à la jeunesse : juin 2002

ISBN 2-266-10314-8

1

L'ANNÉE COMMENCE

RÉSOLUTIONS POUR LA NOUVELLE ANNÉE :
1. Oublier John Joseph
2. Arrêter de me ronger les ongles
3. Terminer mon roman
Signé : Laura A. Turner

Laura examina sa liste de bonnes résolutions et reprit son stylo. Il lui restait à ajouter la chose la plus importante :

4. Lutter contre la dégradation de notre planète, les atrocités infligées aux animaux et le gaspillage de nos ressources naturelles.

Elle relut cette dernière phrase avec satisfaction. Ça sonnait bien. Après tout, Laura serait très bientôt un grand écrivain, non ?

« À partir d'aujourd'hui, ma vie va changer ! se dit-elle en punaisant sa liste au mur. Heureusement que Daniel m'a ouvert les yeux. »

Daniel Browning habitait juste à côté de la maison où elle venait d'emménager, à Berrydale. Il avait sonné à sa porte le lendemain de Noël afin d'inviter toute la famille à la soirée que ses parents organisaient pour le Nouvel An. Normalement, Laura aurait préféré mourir que de se montrer en compagnie de sa mère et de Melvyn le Ringard. Mais pas question d'aller seule au *Zig-Zag* ! De quoi aurait-elle eu l'air ? Elle avait donc accepté l'invitation de Daniel qui était SUPER-mignon.

Un peu après leur arrivée – au bout du quatrième verre de punch, les adultes commençaient à délirer –, Laura s'était enfuie vers la cuisine pour ne pas entendre Melvyn jouer les Pavarotti. Un buffet plutôt appétissant y était préparé et elle avait grignoté distraitement un morceau de poulet tikka.

— Tu ne vas pas manger cette horreur ? s'était exclamé Daniel en surgissant avec un plat de samossas aux légumes.

— Pardon ?

— Tu ne sais donc pas comment sont élevés les poulets de batterie ? Viens voir.

Il l'avait entraînée dans sa chambre, qui était entièrement tapissée d'affiches : *Protection des animaux, Sauvez les baleines, Protégez nos forêts...* et lui avait collé entre les mains une pile de tracts montrant des poulets enfermés par dizaines dans des cages minuscules, des cochons engraissés artificiellement, des veaux attachés si court qu'ils ne pouvaient plus bouger la tête.

— Je sais, c'est affreux, avait-elle admis, la gorge un peu serrée. Mais ça ne changera pas grand-chose que j'arrête de manger de la viande !

— C'est parce que trop de gens réagissent comme toi que ces atrocités peuvent continuer !

— Et ça, c'est quoi ? l'avait interrompu Laura,

en désignant un grand morceau de carton fixé au bout d'un manche à balai.

— C'est un panneau pour la manif devant le laboratoire de recherche de Leehampton, dans quinze jours. Ils testent leurs produits sur des animaux. Mais je n'arrive pas à trouver de slogan assez fort.

Laura s'était mise à réfléchir en plissant le nez.

— Que dirais-tu de : « Faut-il vraiment faire souffrir un animal pour être belle ? » Tu sais, en jouant sur le : « Il faut souffrir pour être belle. »

— Génial ! s'était-il exclamé, admiratif. Hé, tu devrais venir avec nous ! On n'est jamais trop nombreux.

« J'irai peut-être », pensa Laura, en jetant par terre une jupe de tennis chiffonnée. Daniel redoublait sa première année de fac, ce qui lui donnait un net avantage sur ses copains du lycée. Et puis, si elle l'accompagnait samedi à la manif, elle échapperait à l'inévitable tournée des boutiques de layette. Elle avait du mal à supporter sa mère, qui ressemblait de plus en plus à un hippopotame. Laura, morte de honte, se rappela la remarque de Daniel à la fête :

— Ta mère ? euh, elle serait pas enceinte, par hasard ?

— Mmouais, avait-elle grommelé. Le bébé est pour mars.

— Oh, la vache ! Elle est pas un peu vieille pour ça ? Ton père est content ?

— Melvyn n'est pas mon père, avait-elle vivement corrigé.

— Ah, c'est un deuxième mariage...

— Non, ils vivent ensemble, c'est tout. Qu'y a-t-il de mal à ça ? De toute façon, ils vont bientôt se marier.

— Oh, ne te fâche pas ! Ils font ce qu'ils veulent. Sauf que notre planète est déjà surpeuplée. Alors, faire un môme de plus... Mais si ta petite sœur est aussi mignonne que toi, ça sera une bombe, avait-il ajouté en souriant.

Laura soupira. John ne lui en avait jamais dit le dixième. « John, c'est de l'histoire ancienne. » Alors pour quelle raison pensait-elle à lui tout le temps ? Pourquoi scrutait-elle chaque matin les fenêtres du car dans l'espoir de l'apercevoir ? Et, quand par hasard elle le voyait, pourquoi son cœur s'arrêtait-il de battre ?

Il était temps qu'elle s'intéresse à des sujets un peu plus sérieux. Donc, Laura Turner allait sauver la planète.

2

JULIE INTERROGE LES ÉTOILES

À Thornburn Crescent, les pensées de Julie Gee volaient nettement moins haut. Affalée sur son lit, elle essayait de se remonter le moral en lisant le supplément « Astro » du magazine *Yell.*

L'ASTROLOGUE SANDY
vous révèle ce que les étoiles
vous réservent cette année !

VERSEAU (21 janvier - 19 février)

Si la chance semblait vous bouder jusqu'à présent, tout s'arrange : vous allez rencontrer de nouveaux amis et connaître des expériences inédites. Cette année pourrait bien être la vôtre ! Alors, haut les cœurs ! Et rappelez-vous que vous êtes entouré de gens qui vous aiment ! Chassez vos idées noires et profitez de la vie.

— Qu'est-ce qu'elle en sait, celle-là ? maugréa Julie.

Comment pouvait-on écrire des âneries pareilles alors que ses parents :

1) n'avaient pas les moyens de lui offrir une nouvelle chaîne stéréo pour son anniversaire ;

2) refusaient qu'elle organise une soirée sous prétexte qu'ils étaient complètement fauchés après Noël ?

Elle devrait se contenter d'un dîner au restaurant. Super. De toute façon, à quoi bon organiser une soirée quand on n'a pas de petit copain ? Que Rob l'ait quittée pour Emma, c'était le comble. Et en plus, il lui avait dit : « Arrête de me courir après ! » Quel culot !

Les cours avaient repris depuis une semaine à peine et déjà Julie ne supportait plus d'entendre Emma raconter tout ce qu'elle faisait avec Rob. Quand celle-ci voyait Julie approcher, elle s'interrompait brusquement, l'air gêné, et murmurait : « Oh, pardon, je ne voulais pas te faire de peine ! » Cette abrutie d'extralucide avait dû prendre un coup de boule de cristal. Personne n'aimait Julie. Non seulement Rob l'avait plaquée, mais sa mère, débordée par sa nouvelle émission à la radio « En direct avec Ginny », ne remarquait sa présence que pour lui crier dessus. Quant à son père, il avait décoré le toit de sa camionnette « La Bonne Soupe » avec deux cuillères en bois géantes sur lesquelles d'horribles lettres fluo annonçaient les potages du jour. Et il sillonnait la ville comme un vulgaire vendeur ambulant. L'horreur.

Lorsque sa sœur Geneva avait appelé de Mombasa le jour de Noël, ses parents s'étaient extasiés tout l'après-midi : « Comme elle a bien réussi ! Quel courage de partir en Afrique toute seule ! » etc. Quand Warwick, son frère, avait dit que son vieux vélo était bon pour la casse et qu'il avait absolument besoin d'un moyen de transport pour aller en cours, ils lui avaient aussitôt donné un chèque pour en acheter un neuf. Mais maintenant que Julie voulait quelque chose à tout prix, que lui répondait-on ? « L'argent ne pousse pas sur les arbres, Julie » ; « Reviens sur terre, Julie ! ». Désespérée, elle leur avait raconté sa rupture avec Rob, et sa mère n'avait rien trouvé de mieux à lui dire que : « Un de perdu, dix de retrouvés. » Super-réponse de la part d'une « mère avisée à l'esprit jeune ». Et la réaction de son père était pire : « Tu as toute la vie devant toi, ce n'est pas le moment de penser aux garçons... »

Même ses plans pour séduire Guy (un superbe Californien d'un mètre quatre-vingts) avaient échoué. Quand il lui avait demandé de l'emmener dans un endroit branché pour le Nouvel An, elle avait cru que l'affaire était dans le sac. Mais à peine étaient-ils arrivés au *Zig-Zag* que Guy avait repéré Ella Barlows, le genre top-model avec le cerveau d'un petit pois sous-alimenté. Et Julie n'avait pas revu le garçon de la soirée. Sans Bex, elle serait sans doute rentrée chez elle.

Bex avait des cheveux noir corbeau coiffés à l'iroquoise, une tonne de boucles d'oreilles, un piercing dans le nez et une réputation de révoltée. Au moment où Julie, le moral à zéro, sirotait son troisième Pepsi, Bex s'était affalée à côté d'elle et lui avait platement déclaré :

— T'as le ticket avec Trug. Il m'a demandé de te ramener à notre table. Tu viens ?

Qui c'était, Trug ? Julie n'en avait pas la moindre idée, mais tout valait mieux que rester seule un soir pareil.

Bex l'avait poussée vers un type dégingandé, aux

cheveux longs et emmêlés, qui avait assez de métal dans les oreilles pour ouvrir une quincaillerie.

— Tu veux danser ? avait-il proposé en désignant la piste d'un hochement de tête.

Julie avait accepté, non sans remarquer avec satisfaction que Guy la regardait.

— Qu'est-ce que tu fais dans la vie, Trug ?

Il était au chômage et jouait de la guitare dans le métro en attendant qu'on découvre qu'il était le nouveau Nick Cave des années 1990. La conversation s'était arrêtée là.

Elle avait passé le reste de la soirée avec Bex et sa bande. Il y avait eu un grand moment, quand Emma était venue les rejoindre, main dans la main avec Rob qui la dévorait des yeux.

— Salut, Julie ! avait lancé Emma. Super-soirée, hein ?

— Toi, il suffit que tu sortes des jupes de ta mère pour que ce soit la fête ! avait rétorqué Julie, au bord des larmes.

Le regard admiratif lancé par ses nouveaux amis ne lui avait pas échappé. Emma s'était mordu la lèvre en virant au rouge tomate. Rob l'avait entraînée plus loin, non sans avoir jeté un regard assassin à Julie.

— C'est une copine à toi ? s'était enquise Bex.

— Plus vraiment, non, avait grommelé Julie.

Une certaine Fee s'était alors mise à discourir des inégalités sociales. Elle considérait ses parents comme des fléaux de la société parce qu'ils possédaient deux voitures, des actions en Bourse et passaient leurs vacances à la Barbade.

— Fee a une conscience sociale, avait commenté Bex, admirative. Et tes vieux à toi, ils font quoi ?

— Ma mère travaille à *L'Écho*. Mon père est, euh, traiteur.

— Ne me dis pas que c'est la fameuse Ginny Gee ? Celle qui passe sur Hot FM ? s'était exclamée Bex, visiblement impressionnée.

— Oh, cette horrible émission qui dit aux bourges comment gérer leurs adolescents difficiles ? avait laissé tomber Fee du bout des lèvres.

— Ouais, mortel, avait aussitôt renchéri Bex.

Du coin de l'œil, Julie avait vu Miss Top-model et Guy enlacés. Pour le rendre jaloux, c'était raté ! Enfin, il ne pouvait sans doute rien lui arriver de pire.

Elle se trompait. En sortant du *Zig-Zag*, elle s'était figée sur le trottoir, horrifiée.

— Qu'est-ce qui t'arrive ? avait demandé Bex.

La camionnette *La Bonne Soupe* était garée en face et son père, drapé dans un grand tablier à rayures, criait à tue-tête :

— Offrez-vous un Hogmanay Hotpot[1] bien chaud pour commencer la nouvelle année ! Ohé, Julie, tu viens ? avait-il hurlé en l'apercevant.

— T'avais pas dit que ton père vendait de la soupe ! avait ricané Trug. Hé, mon pote, t'en aurais pas de reste ?

Julie n'avait pas répondu. Elle n'avait jamais eu aussi honte de sa vie.

1. Plat traditionnel écossais servi au Nouvel An. (*N.d.T.*)

Les pensées de Julie furent brusquement interrompues :

— Julie ! Julie, descends, s'il te plaît, appelait son père. J'ai besoin de toi. Tout de suite !

Julie tira la langue vers la porte de sa chambre sans répondre. Après ce qu'il lui avait fait, il pouvait toujours attendre !

3

ACTE PREMIER

De son côté, Emma baignait dans le bonheur. Avec extase, elle relisait pour la centième fois la brochure du Conservatoire Olive Ockley.

CONSERVATOIRE DE DANSE ET D'ART DRAMATIQUE
OLIVE OCKLEY

1. Théâtre – 11 ans et plus
2. Théâtre – 16 ans et plus
3. Élocution – cours particuliers à partir de 15 euros/heure
4. Mime et improvisation – 13 ans et plus
5. Technique scénique – 12 ans et plus

— Ma chère Emma, je trouve que vous avez beaucoup de talent, lui avait dit Mlle Olive à la fin de l'audition, le samedi de la rentrée. Je vous ai vue interpréter le rôle de Nancy, dans *Oliver Twist*. Mon neveu Toby jouait un gamin des rues. Excellent casting, je dois dire ! avait-elle ajouté, ses trois mentons tremblotant avec harmonie.

Emma avait rougi de fierté. Elle n'en revenait pas. Fini, Emma la boulotte ! Non seulement elle avait perdu du poids mais, depuis qu'elle avait remplacé Mandy Fincham dans le spectacle du lycée, tout lui réussissait. Même sa vie amoureuse... Pour le Nouvel An, elle avait passé une super-soirée avec Rob. Dire qu'il l'avait préférée à Julie Gee ! Qui sait ? Elle avait peut-être l'étoffe d'une star ! Elle imaginait déjà le supplément TV du *Times*, avec un titre en lettres de vingt centimètres de hauteur : *Emma Farrant, la nouvelle étoile du firmament théâtral, bientôt sur vos écrans dans le rôle de...* de qui, d'ailleurs ? Juliette ? Ophélie ? Ou plutôt Emma, l'héroïne du roman de Jane Austen ? Elle serait trop fantastique en robe Empire...

Emma allait réaliser son rêve. Dès qu'elle aurait son Brevet [1], elle entrerait au conservatoire. Mais Mlle Olive voulait qu'elle suive plusieurs cours dès maintenant. Sa grand-mère avait été sympa de lui offrir des cours de théâtre en cadeau de Noël, mais le plus difficile restait à faire : convaincre ses parents de débourser le reste de la somme.

Elle se posta, de profil, devant le miroir et leva le menton. Maintenant qu'elle avait minci, elle n'était pas si mal. Bien sûr, il faudrait qu'elle se fasse faire une permanente, un balayage, et peut-être une teinture des cils... juste pour avoir un look très naturel, quoi.

La voix de sa mère retentit dans l'escalier :

— Petite fleur ? Tu es là-haut, ma chérie ?

Emma grinça des dents. Elle devait mettre les choses au point avec sa mère une fois pour toutes.

1. En Angleterre, la fin des études secondaires est sanctionnée par un examen, le GCSE, dont les épreuves s'étalent sur les années qui correspondent à la troisième et à la seconde. (*N.d.T.*)

Emma était une future star : il était temps que les adultes s'en rendent compte.

« Après tout, je suis meilleure que Sumitha ! Pourtant, elle chante et elle danse depuis des années... d'ailleurs, elle n'est pas venue à la soirée, après le spectacle... la pauvre, elle n'a pas supporté la compétition ! Tout de même, il faut que je sois gentille avec elle. Je suis tellement brillante que je lui fais de l'ombre, alors, c'est normal qu'elle déprime... Et puis, j'ai besoin de quelqu'un pour aller au cours de théâtre avec moi. »

Mais Sumitha avait d'autres projets.

4

SUMITHA FAIT UN MARCHÉ

— Pour la dernière fois, fiche le camp de ma chambre ! hurla Sumitha en lançant son manuel d'histoire sur son frère.

— S'il te plaît, sois gentille ! pleurnicha-t-il.

— Non, non et non ! Il n'est pas question que j'aille au lycée tous les jours en traînant un nul de sixième derrière moi !

Sumitha espérait bien rencontrer John « par hasard », avant qu'il ne prenne le bus de Bellington, et n'avait aucune envie d'avoir un gamin de onze ans scotché à ses baskets.

— Pourquoi tu ne fais pas le trajet avec tes copains ? demanda-t-elle.

— Laisse-moi t'accompagner, supplia Sandeep, les yeux pleins de larmes. Je n'aime pas être avec eux.

— Oh, arrête de faire le bébé !

Quand il était entré au collège Edgar Poe au début de l'année, Sandeep avait pourtant l'air de s'y plaire ! Mais, depuis les vacances, il l'attendait à la fin des cours, s'asseyait à côté d'elle dans le car et la suivait comme un toutou quand ils rentraient à pied. Après son affreuse histoire avec Bilu, elle avait sauté sur cette excuse pour échapper aux commentaires de ses amies. Mais c'était de l'histoire ancienne, maintenant, et son petit frère lui cassait les pieds. Beaucoup de choses allaient changer dans sa vie. Elle voulait parler à John. Après cette horrible soirée où elle avait été si saoule, elle s'était juré de ne plus jamais sortir avec un garçon. Puis John l'avait invitée au *Zig-Zag* pour le Nouvel An. Elle avait envie d'y aller mais, d'un autre côté, elle avait peur que les autres se moquent d'elle. Alors elle avait refusé, prétextant qu'elle devait rester en famille.

— Et si je passais chez toi ? avait alors proposé John.

— Tu veux dire que tu laisserais tomber le *Zig-Zag* pour venir écouter la musique mortelle de mon père ?

— Évidemment, si ça me permet d'être avec toi !

Elle n'avait plus de raisons d'hésiter. John parlait toujours de choses passionnantes. Et c'était juste un copain. Rien de plus. Il rêvait de devenir caricaturiste. Il lui avait expliqué qu'il fallait dénoncer des situations graves comme la purification ethnique ou la famine en Afrique, et qu'un dessin pouvait être parfois plus percutant qu'un article politique.

— Je veux faire un boulot qui me permette de m'engager. Et dessiner est la seule chose que je pourrai faire toute ma vie. Tu dois me trouver ridicule.

— Non, au contraire ! Je te trouve formidable !

Sumitha avait beaucoup réfléchi depuis. Elle

avait réalisé deux choses : John était calé sur l'actualité, et en plus il savait ce qu'il voulait faire de sa vie !

Bellington étant une école privée, les cours ne reprenaient qu'une semaine après le lycée Edgar Poe et John avait profité de ce répit pour faire un stage au journal local. Sa vie à elle lui semblait terriblement fade ; elle avait hâte d'avoir son avis sur ses projets. Et elle ne pouvait pas le faire avec son frère dans les pattes.

— Sandeep ! appela-t-elle.

Il passa la tête dans l'embrasure de la porte.

— Je te donne un euro si tu me lâches les baskets.

— Oh, merci. Merci beaucoup ! s'écria Sandeep en lorgnant la pièce comme si elle lui sauvait la vie.

« Finalement, ça ne me coûte pas cher », songea Sumitha, ravie de s'en tirer à si bon compte.

5

LAURA DEVIENT ÉCOLO

— Je crois vraiment que Laura fait des progrès, annonça Emily à Melvyn, le lundi matin. Elle s'est levée toute seule !

— Et, d'après le vacarme qu'on entend, elle prépare le petit déjeuner, continua Melvyn. Elle m'étonnera toujours.

— Elle semble même accepter l'arrivée du bébé. Si tu savais comme j'en ai assez de porter des caleçons et des chemises larges ! soupira-t-elle.

— Eh bien, je t'offrirai une nouvelle garde-robe dès que Tarquin sera là, dit Melvyn.

Il l'embrassa sur la nuque.

— Dès que Phoebe sera là ! corrigea Emily d'un ton taquin.

— On verra bien ! Bon, si on descendait voir ce que ta fille nous a préparé de bon ?

À leur grande surprise, ils furent accueillis comme des chiens dans un jeu de quille.

— Vous êtes vraiment des irresponsables, tous les deux ! Ce sont les gens comme vous qui mettent la planète en danger ! C'est Daniel qui le dit !

Laura souleva le couvercle de la poubelle et se mit à fourrager dans le contenu malodorant.

« Je crois qu'on a parlé trop vite, pensa Emily. Pas le moindre petit déjeuner en vue. »

— Bon, qu'avons-nous encore fait ? demanda Melvyn.

— Il s'agit plutôt de ce que vous n'avez *pas* fait, répliqua Laura. Regardez, toutes ces épluchures de pommes devraient être jetées sur le tas de compost.

— Nous n'en avons pas ! fit-il remarquer en jetant dans la poêle des tranches de bacon.

— Eh bien, on devrait ! Daniel dit que vous êtes une génération d'inconscients.

— Qui est ce Daniel ? demanda Melvyn.

— Le garçon d'à côté, répondit Emily. Tu sais, le fils des Browning.

— Ah, l'excité aux cheveux longs ! Laura, il est huit heures moins vingt. Ce ne serait pas l'heure de partir au lycée ?

Celle-ci brandit sous leur nez une canette vide de Coca-Cola.

— Regardez-moi ça !

— Laura, soupira Emily, je mets les journaux de côté pour le ramassage, je jette les bouteilles dans les collecteurs de verre, j'envoie nos vieux vêtements à l'Armée du Salut. Je n'ai pas le temps de trier les coquilles d'œuf.

— C'est bien le problème ! Daniel dit...

— Oh, zut ! Je me fiche de ce que dit Daniel. Si ma poubelle le perturbe tant que ça, il n'a qu'à venir la trier. Et, puisqu'on parle de recyclage des déchets, tu pourrais commencer par ta chambre. Il y a de quoi faire le bonheur de n'importe quel écolo.

— Tu veux un sandwich au bacon, Laura ? demanda Melvyn.

— Tu sais bien que je suis végétarienne, maintenant.

— Pourtant, rien ne vaut une bonne tranche de bacon, le matin.

— Et ces pauvres petits cochons, tu t'en fiches ? hurla Laura en attrapant une banane et deux pommes dans la corbeille à fruits. Si je te disais ce qu'on leur fait...

— File au lycée, l'interrompit sa mère.

— C'est ça, je débarrasse le plancher, puisque c'est ce que vous voulez !

6

LE BLUES DU LUNDI MATIN

— Julie ! Il est sept heures et demie ! s'écria sa mère en ouvrant à toute volée la porte de sa chambre. Oh, bon sang, quel dépotoir ! Je t'avais pourtant demandé de ranger !

— C'est ma chambre. Ça ne te concerne pas ! grommela Julie en émergeant de sa couette.

— Pardon, jeune fille ! répondit Ginny en ouvrant les rideaux d'un coup sec. Ça me concerne directement. J'ai une longue journée devant moi : réunion éditoriale, émission de radio cet après-midi...

— Et alors ? C'est ton problème.

— Ne me parle pas sur ce ton ! Tant que tu vivras...

— « Tant que tu vivras sous mon toit, tu devras obéir à mes règles ! » chantonna Julie, sarcastique. Tu devrais changer de disque, si tu en es encore capable... à ton âge !

Sur ces mots, elle attrapa sa robe de chambre, bouscula sa mère et s'engouffra dans la salle de bains.

Ginny se laissa tomber sur le lit en soupirant. « Ça recommence ! » pensa-t-elle.

Depuis la fin du trimestre précédent, Julie était d'une humeur de chien. Que lui arrivait-il ? D'ailleurs, que leur arrivait-il à tous ? Barry, quand il ne travaillait pas, lui reprochait l'argent qu'elle dépensait, ou alors il s'enfermait dans la cuisine et peaufinait pendant des heures ses recettes pour la finale du concours de cuisine Superchef.

« Pourvu qu'il gagne ! » Les deux mille euros du premier prix ne leur feraient pas de mal et ça remonterait le moral de Barry. En attendant, Ginny avait accepté une nouvelle émission de radio pour augmenter leurs revenus, mais elle était fatiguée, elle se sentait grosse et... vieille. Ça ne lui ressemblait pas, elle qui était toujours pleine d'énergie !

Ses articles avaient perdu leur verve habituelle. Son rédacteur en chef lui en avait déjà fait deux fois la remarque. Elle observa le fouillis que Julie avait l'audace d'appeler sa chambre, secoua la couette sans enthousiasme, découvrit deux trognons de pomme pourris et une canette de Pepsi cabossée. Incapable de poursuivre, elle préféra abandonner.

« Un café ! » se dit-elle fermement en se dirigeant vers la cuisine.

— Que se passe-t-il ? s'inquiéta Barry.

— Comme d'habitude. Julie n'a pas rangé sa chambre et... oh, laisse tomber.

— Elle fait toujours la tête ? Au fait, il faut que je réserve une table chez Lorenzo. Je ne peux vraiment pas faire plus, pour l'anniversaire de Julie.

Au même moment, Julie déboula dans la cuisine et se jeta sur la corbeille à pain.

— Julie ! s'écria Ginny d'une voix suraiguë. Qu'est-ce que tu as sur le dos ?

— Des vêtements, figure-toi, rétorqua Julie en tirant inutilement sur sa minijupe en lycra noir.

— Ton père m'a raconté que tu étais avec un groupe de jeunes qu'il ne connaissait pas, le soir du Nouvel An, continua Ginny d'une voix plus douce. Tu t'es fait de nouveaux amis ?

— Peut-être, répondit Julie sans se compromettre.

Elle aimait bien Bex, mais Fee la terrifiait et elle trouvait Trug un peu bizarre. Et elle n'avait pas l'intention de l'avouer à ses parents.

— Tu peux inviter l'un d'eux pour ton repas d'anniversaire, si tu veux, dit son père...

Julie ébaucha l'ombre d'un sourire.

— ... enfin, peut-être pas le gars bizarre, tu sais, celui qui m'a appelé « mon pote »... et les autres devront faire un effort vestimentaire pour aller chez Lorenzo, ajouta Barry.

Ginny fronça les sourcils. Trop tard.

— Eh bien, vas-y, insulte mes amis, ne te gêne pas ! hurla Julie. Ah ! l'apparence. Heureusement que nous ne nous arrêtons pas à ça, nous !

Elle saisit son sac, jeta sa tartine entamée à la poubelle et sortit par la porte de derrière.

— Bien joué, chéri, dit Ginny.

— Je ne sais jamais comment la prendre.

— Tu n'es pas tout seul. Sers-nous un autre café.

En attendant le car, Julie donna distraitement un coup de pied dans une pierre. Elle se détestait. Elle haïssait la vie. Pourquoi était-elle toujours de mauvaise humeur ? Elle avait le sentiment d'être toute froide et triste à l'intérieur ; elle ne savait plus qui elle était. Tout avait changé. Depuis que Geneva et Warwick avaient quitté la maison, elle n'avait personne pour la défendre. Et même son corps se mettait à faire des siennes ! Elle commençait à avoir des boutons et elle se sentait de plus en plus mal dans sa peau. Elle avait cru qu'elle irait mieux à la reprise des cours, mais elle ne supportait pas de voir Emma et Rob ensemble. Sans parler de l'humiliation que lui infligeait son père en venant vendre ses soupes minables devant le lycée !

Et voilà qu'il lui proposait un dîner chez Lorenzo, alors qu'elle aurait tout donné pour organiser une fête chez elle ! « J'inviterai Laura, pensa-t-elle pour se consoler. Et Sumitha aussi. » Elles allaient sauter sur l'occasion. C'étaient ses meilleures amies après tout, non ?

7

EMMA FAIT UNE SCÈNE

— Oh, j'ai compris ! hurla Emma en jetant le prospectus du conservatoire sur le comptoir de la cuisine. Tu ne veux pas reconnaître que j'ai du talent ! Tu ne supportes pas l'idée que *moi*, je fasse quelque chose de ma vie ! Pas seulement fabriquer des éléphants avec des boîtes d'œufs pour une crèche débile, comme toi ! Tu es jalouse !

— Ne sois pas bête, petite fleur, répondit sa mère qui remplissait de Frosties les bols des jumeaux tout en collant du coton sur du papier toilette pour confectionner un bonhomme de neige.

— Et ne m'appelle pas « petite fleur » ! Je sais que tu aimerais bien me garder en laisse avec un bavoir autour du cou, mais je ne suis plus un bébé !

Sa mère ramassa Sam qui jouait les dinosaures sous la table et le posa sur une chaise.

— Tu as fini ? soupira-t-elle. Je disais simplement que tu ne pouvais pas suivre le cours de théâtre, le cours de mime *et* le cours d'élocution. Mamie t'a donné de l'argent pour une seule option. Tu dois choisir. Et dépêche-toi de finir ton œuf, il est déjà huit heures moins dix.

— Je peux le manger ? demanda Sam.

Emma écarta les mèches qui lui tombaient sur les yeux et poussa le coquetier vers son frère.

— Mlle Olive dit que j'ai une vraie présence sur scène et que je dois suivre les trois cours pour augmenter mes chances de devenir une star ! protesta-t-elle.

— Pour augmenter ses revenus, plutôt ! marmonna Mme Farrant.

Elle colla un chapeau en carton sur son bonhomme de neige et recula pour admirer son œuvre.

— Je deviendrai une star ! et ce n'est pas toi qui m'en empêcheras ! déclara Emma en se levant d'un bond.

— Écoute, Emma...

La future star quitta la cuisine sans répondre. Deux minutes plus tard, la porte d'entrée claquait.

— Maman, qu'est-ce qu'elle a ? demanda Luke en plongeant un doigt dans l'œuf de Sam.

— Elle a quatorze ans, soupira Claire.

C'est un âge difficile, lui avait dit sa mère. Laisse-lui prendre un peu d'indépendance.

D'accord pour l'indépendance, mais Claire n'avait nulle envie qu'Emma fréquente certains élèves du cours de théâtre : des énergumènes à l'air vraiment bizarre.

Enfin, ce n'était sans doute qu'une lubie passagère de la part de sa fille...

8

QUIPROQUO

Quand John tourna au coin de Billing Hill et aperçut Sumitha sur le trottoir d'en face, il n'en crut pas ses yeux. Quelle veine ! Depuis le Nouvel An, il n'avait cessé de penser à elle.

En fait, il n'était pas sûr des sentiments de Sumitha. Elle lui avait beaucoup parlé, au *Zig-Zag*, mais, chaque fois qu'il avait essayé de l'embrasser, elle s'était écartée. Sans doute à cause de cet horrible Bilu, son ancien petit ami. John devrait être patient.

Sumitha lui fit signe. Pourquoi, justement ce matin, avait-il sur le menton des boutons gros comme des Smarties ? Il remonta son écharpe dans l'espoir de les cacher.

— Salut ! dit Sumitha. Je suis contente de te voir. Je voulais te parler.

— Tu es superbe, lui dit-il avec un grand sourire.

Est-ce qu'il devait l'embrasser ? Elle le prendrait peut-être mal.

— Vraiment ? Merci. Eh bien...

John s'arrêta et la regarda tendrement, plein d'espoir.

— ... Eh bien, cette soirée du Nouvel An avec

toi... a changé ma vie. Je n'avais jamais ressenti ça, auparavant.

« Wahou ! Ça y est. Elle est amoureuse de moi ! » jubila-t-il intérieurement.

— ... et tu m'as fait comprendre que je ne pouvais pas perdre mon temps plus longtemps, continua Sumitha.

John lui répondit par un sourire d'extase. Elle l'aimait. Elle lui faisait une déclaration d'amour. Il eut l'impression de mesurer trois mètres de haut. Il sentit même ses boutons diminuer de volume.

— Tu as raison, nous devons agir ! ajouta-t-elle.

— Oui, dit-il dans un souffle en lui prenant la main.

— Et sans perdre de temps, poursuivit-elle en retirant sa main.

— Absolument.

— Mais j'hésite. Je ne peux pas continuer mes cours de danse et de théâtre si je veux...

— Oh, mais ça ne me dérange pas du tout. Nous aurons encore plein de temps pour nous, protesta John, magnanime.

Il lui reprit la main, béat.

— Tu n'écoutes pas un mot de ce que je dis ! s'écria Sumitha en se dégageant vivement.

— Mais si. Tu penses que tu devrais arrêter la danse maintenant que nous sortons ensemble...

— Tu rêves ! Qu'est-ce qui te prend ? Et dire que je pensais pouvoir te parler sérieusement ! Tu es aussi nul que les autres !

Elle ramassa son sac et s'éloigna à grands pas.

— Non, attends ! Non, Sumitha, s'il te plaît !

Alors une voix l'arrêta net.

– Salut, fiston !

Son père, boudiné dans un survêtement, une serviette blanche autour du cou, venait de surgir au coin de la rue en petites foulées. Depuis que John l'avait initié au sport, il courait tous les matins avant de partir travailler. Le visage violet, de petites gouttes de sueur dégoulinaient sur ses joues bouffies. Il n'était pas beau à voir.

— J'ai déjà fait six kilomètres, et ce n'est pas fini ! lança-t-il en martelant sa poitrine tel King Kong. Oh, vous devez être... laissez-moi réfléchir... Semelda, c'est ça ?

— Sumitha. Bonjour, monsieur Joseph.

— Bien sûr, bien sûr... Alors vous êtes la nouvelle copine de mon fiston, hein ? Il est dingue de vous. Enfin, c'est ce que m'a dit sa mère.

— Papa ! siffla John, rouge de honte.

— Eh bien, c'est formidable. Ha ha ! Et ne vous inquiétez pas, ma chère Semelda, nous ne sommes pas racistes dans la famille. Je suis très large d'esprit... Bon, je dois y aller. Encore trois kilomètres ! Salut, John, au revoir, Semelda !

Et il repartit en courant.

John aurait voulu disparaître sous terre.

— Je suis désolé, mon père est tellement...

— Voilà ton car, marmonna Sumitha, les lèvres pincées.

— Je t'appellerai ce soir ! lança John.

« Quand j'aurai assassiné mon père et que je l'aurai mis à tremper dans le formol. »

— Pas la peine ! Tu ne m'écouteras pas. Et je t'interdis de dire que je suis ta petite copine !

Par la fenêtre du car, John regarda tristement

Sumitha s'éloigner. Il était vraiment le roi de la gaffe. Jamais plus il ne se confierait à sa mère. Ah, les parents ! Tous incapables de tenir leur langue !

Sa mère avait bien changé depuis qu'elle avait repris ses études. Elle jouait les copines, gloussait sans arrêt et portait des jeans trop serrés. Et son père ne valait guère mieux. Comment avait-il pu débiter toutes ces âneries ?

C'est à ce moment-là qu'il se rendit compte qu'il n'avait aucune idée de ce que Sumitha avait tenté de lui dire.

9

EMMA VOUDRAIT QU'ON S'INTÉRESSE À ELLE

— Oh, Sumitha, tu ne devineras jamais ! s'exclama Emma en fourrant précipitamment ses livres dans son casier.

— Quoi ? dit sèchement Sumitha, encore folle de rage.

Elle qui tenait tellement à annoncer à John qu'elle voulait devenir correspondante à l'étranger pour un grand journal ! Sa déception et les remarques racistes de M. Joseph ne la mettaient pas d'humeur à s'enthousiasmer pour quoi que ce soit.

— Je vais faire du théâtre au même cours que toi. Je suis allée voir Mlle Olive samedi dernier, annonça Emma, radieuse. On pourra y aller ensemble !

— Non, on ne pourra pas, rétorqua Sumitha, en fouillant dans sa poche à la recherche d'un peigne.

— Pourquoi ? Tu y vas bien le jeudi et le samedi, non ?

— J'y allais le jeudi et le samedi. J'arrête.

— Quoi ? s'exclama Emma. Qu'est-ce qui t'arrive ?

Laura fit alors une entrée fracassante dans le vestiaire, un tas de déchets serrés contre sa poitrine.

— Salut les filles ! Vous auriez un sac en plastique ?

— Oui, je crois que j'en ai un quelque part, répondit Sumitha.

Elle fouilla dans son casier.

— Tiens, voilà. Il n'est pas en très bon état, désolée.

— Pas grave, dit Laura.

Elle déversa dans le sac un stock de canettes de Coca écrasées, de papiers de bonbons chiffonnés et de vieux magazines.

— Mais qu'est-ce que... ? fit Sumitha.

— Figure-toi que j'ai trouvé ça dans les poubelles de la salle de dessin, dit Laura. C'est dégoûtant !

Sumitha plissa le nez :

— Tu peux le dire ! Mais, si c'était dans la poubelle, pourquoi tu l'as ressorti ?

— Parce que tous ces déchets peuvent être recyclés ! Vous saviez que, dans ce pays, un adulte produit dix fois son poids en déchets chaque année ?

— Tu m'en diras tant ! fit Emma. Bref, Sumitha, je te racontais donc que Mlle Olive trouve que j'ai beaucoup de talent...

— C'est vrai ? Dix fois ton poids ? Incroyable ! s'écria Sumitha. Et qu'est-ce que tu vas faire, Laura ?

— Je vais demander à M. Horage la permission de mettre en place un programme de recyclage dans le lycée. Je sais qu'il y a une collecte des journaux, mais si on avait des poubelles pour les canettes, des poubelles pour les bouteilles, des poubelles pour le plastique...

— Tu ne pourrais pas rajouter une poubelle pour les garçons ? coupa Sumitha.

— Pourquoi ? Qu'est-ce qui t'arrive ? demanda Laura.

— Eh bien... commença Sumitha en l'entraînant vers la salle de cours.

— Hé, attendez-moi ! appela Emma. Je disais que...

Mais Sumitha et Laura étaient déjà loin.

« Décidément, Sumitha ne supporte pas qu'on lui fasse de l'ombre, pensa Emma en se recoiffant devant le miroir. C'est pour ça qu'elle a détourné la conversation. C'est sans doute la raison pour laquelle elle abandonne le théâtre. La pauvre. Elle ne fait pas le poids. »

10

PAUSE CAFÉ

— Bureau de la rédaction, Ginny Gee à l'appareil.

— Salut, Ginny. C'est moi, Emily.

— Oui ?

— J'appelle peut-être au mauvais moment ?

— C'est toujours le mauvais moment, ces jours-ci, marmonna Ginny qui séchait sur un article intitulé « Dix manières de revitaliser votre mariage ».

— Pas de problème. Je te rappellerai plus tard.

— Non... non, attends, Emily, je suis désolée. Que puis-je faire pour toi ?

— Eh bien, je dois aller en ville pour un examen prénatal et nous aurions pu déjeuner ensemble. Mais tant pis, on fera ça un autre jour...

— Je ne suis pas sûre de tenir jusque-là, dit Ginny au bord des larmes. C'est une excellente idée. Ça me fera le plus grand bien. Rendez-vous devant chez Lawrence à midi et demie. D'accord ?

Emily examina son amie avec inquiétude. Elles étaient installées devant leurs sandwichs thon-mayonnaise, et Ginny, habituellement si bavarde, avait l'air épuisé.

— Qu'est-ce qui t'arrive ? demanda Emily.

— Oh, je ne sais pas. Je crois que j'ai perdu la foi. J'en ai assez de pondre des articles superficiels que personne ne lit.

— Bien sûr qu'on les lit ! Ils sont excellents pour le moral et me font toujours rire. Et puis tu as cette nouvelle émission de radio... Comment s'appelle-t-elle, déjà ?

— « En direct avec Ginny. » Mais qui suis-je pour prétendre résoudre les problèmes des autres ? Je n'arrive même pas à mettre de l'ordre dans ma vie. Tiens, aujourd'hui, je dois écrire un article sur la meilleure manière de revitaliser son mariage. Moi ! Mon mariage a autant de vitalité qu'un soufflé raté.

— Tu vois, dit Emily en éclatant de rire, tu es drôle même quand tu broies du noir. Mais votre situation s'arrange, non ? s'inquiéta-t-elle. Les affaires de Barry ont l'air de marcher très fort. Je croise sa camionnette dans toute la ville ; et toi, tu es partout : dans les journaux, à la radio, dans les magazines. Tu devrais peut-être aller voir un médecin ?

— J'y suis allée. Il y a une quinzaine de jours. Il m'a prescrit un nouveau traitement.

— Te voilà sauvée ! Tu vas retrouver la forme, tu verras.

— Tu as raison. Mais assez parlé de moi. Comment va ce bébé ? demanda Ginny en désignant le ventre d'Emily.

— À part qu'il ne reste jamais tranquille plus de dix minutes d'affilée, tout va bien. J'attends le douze mars avec impatience. Je serai contente de revoir mes pieds ! Enfin, tant qu'il est dans mon ventre, il ne peut pas m'accuser de détruire la planète.

— Pardon ?

— C'est la dernière lubie de ma fille ! Elle est en pleine crise écolo, cette semaine.

— Eh bien, au moins elle s'intéresse à quelque chose. Ce n'est pas le cas de la mienne.

— Dieu merci, les cours ont repris, la consola Emily. Ça nous donne deux mois et demi de répit !

Elle devait, dans les semaines à venir, se souvenir de cette remarque.

11

UN NOUVEAU MIRACLE DE LA SCIENCE

Installés devant leur matériel de biologie, les élèves attendaient que le cours commence.

— Hé, vous connaissez la nouvelle ? La vieille Mellor est partie ! annonça Laura.

— C'est pas vrai ! On ne verra plus Transpirator ? s'exclama Sumitha.

— Génial ! souffla Julie.

Mlle Mellor, malgré son excellente formation scientifique, n'avait jamais saisi l'intérêt de la crème dépilatoire ni du déodorant. Et elle n'avait jamais été appréciée de ses élèves.

— M. Horage vient de me l'annoncer, reprit Laura. Espérons qu'on n'aura plus à supporter ce genre de prof... Sumitha ? Ça va ?

Sumitha, bouche bée, fixait quelque chose derrière Laura. Laura se retourna : un superbe garçon en jean et polo Ralph Lauren entrait dans la classe d'un pas nonchalant. Il s'assit sur le bureau.

— Bonjour à tous, dit-il chaleureusement en

passant la main dans ses épais cheveux noirs. Je m'appelle Paul Sharpe et je suis votre nouveau professeur de biologie.

Un murmure d'approbation parcourut la salle. « Pas mal », pensa Laura. « Net progrès », se dit Julie. « C'est le type le plus sublime que j'aie jamais vu ! », s'extasia Sumitha.

— Qu'est-il arrivé à Transpi... à Mlle Mellor, monsieur ? demanda Julie avec un sourire.

— Elle fait désormais de la recherche dans un institut de Washington.

— Ça va puer dans la capitale, murmura un petit malin.

— Bon, je vais vous parler un peu de moi, enchaîna le professeur, ignorant la plaisanterie. Vous devez vous demander qui vous récoltez ! ajouta-t-il avec un sourire.

« Un canon, pensa Sumitha. Un canon sublime, divin. »

— Alors, voilà : je viens de passer un an en Inde où j'ai travaillé avec une équipe de chercheurs pour un organisme humanitaire qui s'occupe de santé et d'éducation. Et j'ai pensé que ce serait une excellente manière de faire connaissance que de consacrer cette première heure de cours à ce sujet. Je vous ai apporté une vidéo qui vous donnera une idée de la façon dont on peut aider les plus démunis.

Il sourit. « C'est moi qu'il regarde, j'en suis sûre », pensa Sumitha.

Et soudain, en voyant ses yeux noirs se plisser et

ses joues se creuser de séduisantes fossettes, elle eut une illumination : elle ferait la même chose que lui. Sumitha serait la meilleure scientifique jamais sortie du lycée Edgar Poe. Pour lui. Pour M. Sharpe. Pour Paul.

12

SUMITHA RÉORGANISE SA VIE

En revenant du lycée, Sumitha revivait chaque seconde du cours de biologie. Paul (en pensée, elle l'appelait déjà par son prénom) leur avait parlé avec passion du village indien où il avait travaillé. Il leur avait raconté, de sa belle voix grave, comment l'équipe avait construit un petit laboratoire pour l'école. Et comment lui, Paul, avait organisé des cours du soir pour les enfants qui travaillaient aux champs. Et il rêvait de réaliser un jumelage entre Edgar Poe et Phorabadur.

Le cours fini, alors que les autres quittaient la salle, Sumitha s'était attardée et le miracle s'était produit : il était venu lui parler.

— Puis-je savoir de quelle région de l'Inde ta famille est originaire ?

— De Calcutta, monsieur.

— C'est une ville fascinante. J'y ai passé plusieurs semaines avant d'aller à Phorabadur. J'ai adoré.

Sumitha avait rougi de bonheur (comme si elle

avait construit Calcutta elle-même, juste pour lui plaire !).

— Je suppose que tu parles couramment bengali ? avait-il continué. Je pourrais peut-être exercer mes maigres connaissances avec toi, de temps en temps ?

Sumitha avait failli s'étrangler et s'était contentée de lui adresser un sourire énigmatique. Elle ne parlait bengali que lorsqu'elle rendait visite à ses grands-parents, tous les deux ans. Et, la dernière fois, elle avait refusé d'en dire un seul mot, prétextant qu'elle était anglaise.

— Tu aimes la biologie ? avait-il ensuite demandé. Tu as le droit de dire non !

— Oh, si, au contraire, j'adore, avait-elle protesté, alors qu'elle ne s'y était jamais intéressée jusqu'à cet instant. Je voudrais TELLEMENT faire des études scientifiques !

— Formidable ! Il faudra qu'on en reparle. Mais vas-y, tu vas être en retard pour le prochain cours.

« *Il faudra qu'on en reparle ; il faudra qu'on en reparle*, se répétait Sumitha. Je sens que je lui plais. À partir de cette minute, je vais travailler comme une folle, pour être la meilleure en biologie. Rien que pour lui. Pour Paul. »

— Sumitha, Sumitha, attends-moi ! cria Sandeep.

Il la rejoignit, hors d'haleine.

— Quoi encore ? maugréa-t-elle.

— Je peux rentrer avec toi ?

— Oh, Sandeep, tu ne peux pas me laisser un peu tranquille ? Pourquoi tu ne fais pas le chemin avec Kevin et Matthew ?

— Je ne les aime pas, murmura-t-il.

— Oh, arrête !

— O.K. Si tu me donnes encore une pièce, je te fiche la paix.

— N'y compte pas ! Ce matin, c'était exceptionnel.

— S'il te plaît, Mifa. Je t'en prie.

— Ça suffit ! Viens avec moi si tu veux, mais je ne veux pas t'entendre, d'accord ?

Plongée dans ses pensées, elle ne remarqua pas l'expression de profond soulagement qui se peignit sur le visage de son frère.

13

SUMITHA TIENT UNE CONFÉRENCE DE PRESSE

— J'ai décidé d'arrêter la danse et le théâtre, annonça Sumitha pendant le dîner.

Ses parents levèrent la tête, surpris.

— Pourquoi ? fit sa mère. C'est dommage, tu es si douée ! Il s'est passé quelque chose ?

— Non, mais à quoi ça sert ? Quel bien cela apporte à notre monde ? Ou à ma carrière personnelle ?

« C'est nouveau, ça », pensa Chitrita en passant un plat à son fils.

— Et quelle carrière as-tu en tête, Sumitha ? demanda son père qui la dévisageait avec intérêt. Tu sais déjà ce que tu feras avant ton mariage ?

— Oh, papa ! Ne sois pas si réac ! Pourquoi devrais-je arrêter de travailler quand je me marierai, si je me marie un jour ? Reviens sur terre !

— Qu'aimerais-tu faire, Sumitha ? insista Chitrita.

Elle se souvenait du mal qu'elle avait eu pour convaincre son mari de la laisser enseigner.

Sumitha prit une profonde inspiration.

— J'aimerais faire des études scientifiques. Et je ne peux plus perdre de temps en activités extrascolaires, car il va falloir que je travaille dur pour entrer à l'université. Je veux... changer le monde.

— Ma fille va accomplir à elle seule ce que personne n'a réussi en deux millénaires, gloussa son père.

— Vas-y, moque-toi de moi ! C'est parce que je suis une fille, hein ? Si Sandeep voulait faire une carrière scientifique, tu serais super-content ! Seulement tu considères que les filles ne sont bonnes qu'à rester à la cuisine et à élever les enfants. Tu n'es vraiment pas dans le coup !

Sa mère l'interrompit :

— J'ignorais que tu t'intéressais à cette matière. Tu n'as jamais manifesté de goût particulier pour les sciences.

— Eh bien, maintenant, si ! répliqua Sumitha. M. Sharpe a dit...

— Qui ça ? demanda Chitrita.

— Notre nouveau prof de biologie. Il est formidable.

« Tiens donc ! » pensa Chitrita.

— Eh bien, tu te trompes, reprit son père : je suis ravi que tu prennes tes études au sérieux. Mais pourquoi abandonner tes loisirs ?

— Parce que je voudrais faire aussi des progrès en bengali, déclara Sumitha, leur assénant le coup de grâce.

— Eh bien... c'est une excellente idée ! Tu pourras discuter avec tes grands-parents et tes oncles quand nous irons à Calcutta cet été.

— Ça veut dire que tu rentreras tous les soirs à

la même heure que moi ? demanda Sandeep, plein d'espoir.

— Oui, mais pas avec toi.

— Ne sois pas méchante avec ton frère, protesta sa mère. Sumitha, pourquoi t'intéresses-tu brusquement au bengali ?

— Il faut qu'il y ait une raison ? Je pensais que ça vous ferait plaisir. Papa est tellement attaché à notre culture, ajouta-t-elle en baissant les yeux d'un air angélique.

— Tu me fais très plaisir, ma chérie, acquiesça son père en lui tapotant l'épaule. C'est une excellente nouvelle, n'est-ce pas, Chitrita ?

Chitrita sourit sans rien dire. Le nouvel intérêt de sa fille était-il bien scientifique ? Cette question l'occupait tellement qu'elle ne remarqua pas que Sandeep n'avait pas touché à son assiette.

14

JOHN SE FÂCHE

John jeta son sac de sport par terre et fondit sur sa mère comme un rapace affamé sur sa proie.

— Je n'ai jamais, jamais eu aussi honte de ma vie ! hurla-t-il. Comment tu as pu me faire une chose pareille ?

— Mais de quoi parles-tu ? demanda distraitement Anona, qui examinait un échantillon de soie mauve.

— Tu as dit à papa que Sumitha me plaisait, dit John d'une voix rageuse.

— Jamais de la vie ! Qu'est-ce que tu racontes ?

— Ce matin, j'ai rencontré Sumitha dans la rue et nous discutions tranquillement quand papa est arrivé. Et voilà qu'il lui lance : « Ah, alors c'est vous la copine de mon fils ! » ou un truc du genre. Et il a précisé que c'était toi qui lui avais dit ! Moi qui te faisais confiance !

— Ah, oui, je me souviens ! Il m'a demandé qui était la fille du portrait, dans ta chambre, et je lui ai dit... oh, oui, j'ai dû lui dire que tu avais un faible pour elle.

— Ah, génial ! Formidable ! Merci, maman. Tu

as gagné. Je n'ai plus la moindre chance de sortir avec Sumitha, maintenant. Tu peux être contente !

— Écoute, je suis sûre que ce n'est pas si grave que... Où vas-tu ? demanda-t-elle en le voyant se diriger vers la porte.

— Je sors, répondit-il, excédé.

15

LAURA FAIT DES PROJETS

La journée de mardi fut excellente pour Laura. M. Horage annonça que le lycée allait tester son idée de recyclage pendant un trimestre.

— Nous ne pouvons pas tout faire à la fois, expliqua-t-il, mais nous commencerons par les canettes et le papier qui sont les déchets les plus courants.

— Mais monsieur, protesta Laura, et le verre, et le plastique ? Il faudrait aussi interdire qu'on serve de la viande à la cafétéria ! Et puis nous pourrions peut-être...

— Une minute, la coupa M. Horage. Nous sommes dans un lycée, pas à un séminaire sur l'écologie ! J'admire tes idées, mais nous devons démarrer en douceur. Nous mettrons des poubelles dans la cour près du bâtiment des sciences et d'autres devant le gymnase. Tu peux utiliser le panneau d'affichage dans le couloir principal pour présenter les grande lignes de ton action, si tu veux.

Laura se laissa amadouer. Elle avait décidé d'abandonner son roman pour le moment, afin de se consacrer à la sauvegarde de la planète.

— Tu m'aideras, Julie ?
— S'il le faut, soupira son amie.
— Quel enthousiasme ! Ça réchauffe le cœur !

Daniel téléphona le soir même afin de savoir s'il pouvait compter sur elle pour la manifestation du samedi matin.

— Pense à prendre un gros pull ; on va rester longtemps assis sans bouger, recommanda-t-il. Oh, et tu pourrais faire une affiche ou une banderole ?

— D'accord !

Elle y travaillait depuis dix minutes lorsque son père téléphona à son tour.

Elle ne l'avait pas revu depuis la mi-décembre, car l'abominable Betsy avait insisté pour qu'ils emmènent Sonia la Chochotte et Daryl le Casse-pieds chez leur grand-mère, dans le Norfolk. Et elle attendait toujours son cadeau de Noël.

— Bonjour, ma chérie. Que dirais-tu de venir dîner au restaurant samedi soir ? Juste toi et moi. On pourrait faire une petite fête de Noël décalée ? Il y a une chose dont je voudrais te parler...

« Et une chose que tu voudrais me donner, j'espère », pensa Laura.

— Super, papa. Au fait, tu t'es mis au recyclage ?
— Non, chérie, je prends toujours ma voiture.
— J'ai dit recyclage, pas bicyclette.
— Ah, ça.

Il y eut un long silence.

— Papa ? Tu es là ?
— Oui, chérie, je sirotais mon petit scotch. Non, le recyclage et tout ça, c'est Betsy qui s'en occupe. Elle récupérerait les sachets de thé si c'était possi-

ble. Tu sais, elle assemble même les petits morceaux de savon pour en faire un nouveau. C'est dingue, non ?

« Dommage que Betsy soit une briseuse de ménage, pensa Laura. Sinon, j'aurais pu l'admirer. »

— C'est une bonne idée, répondit-elle. Daniel dit...

— Qui est Daniel ?

— Je t'expliquerai samedi. Tu vas bien ?

— Moi ? Oh oui, très bien. Mais j'irai encore mieux quand je te verrai.

— À samedi, alors.

Elle raccrocha avec l'impression que son père n'était pas dans son état normal.

16

AU SECOURS ! AIDEZ-MOI !

Le lundi, Julie se fit passer un savon par Mlle McConnell parce qu'elle n'avait pas terminé son devoir de français ; le professeur lui prédit les pires catastrophes si elle ne se mettait pas sérieusement au travail.

Le mardi, Julie profita de l'heure du déjeuner pour inviter Laura à son dîner d'anniversaire chez Lorenzo.

— Oh, désolée, je ne peux pas ! Je sors avec mon père, répondit son amie.

— Tant pis. Si on allait faire les boutiques le matin, à la place ?

— Impossible. Je vais à une manif avec Daniel.

— Une quoi ?

— Une manifestation, devant les laboratoires de Leehampton. Ils font des tests cruels sur des animaux. Tu peux venir, si tu veux !

— Très peu pour moi, merci. Et puis quel intérêt ? Il faut bien tester les produits d'une façon ou d'une autre et comme on ne peut pas le faire sur les humains, c'est normal qu'on se serve des animaux.

— Comment peux-tu dire une horreur pareille ! Je préférerais me passer de maquillage plutôt que de faire souffrir ces pauvres bêtes.

— Écoute, c'est mon anniversaire. Tu ne pourrais pas faire ta BA un autre jour ?

— Ah, parce que tu crois que l'anniversaire de Julie Gee est plus important que la vie d'un animal ? Bravo ! Je croyais que tu étais mon amie !

Et, sur ces mots, elle fila en cours de géographie. Julie était consternée. Bien sûr qu'elle était l'amie de Laura ! Et d'ailleurs, puisqu'il était question d'amitié, comment Laura pouvait-elle la laisser tomber comme ça ? Son anniversaire était quand même plus important qu'une stupide manifestation !

« Sumitha viendra », se rassura Julie le mardi soir en composant le numéro de son amie.

— Je suis désolée, répondit celle-ci. Mon père doit me faire visiter son nouveau service de radiologie.

— Passionnant ! Tu ne peux pas y aller un autre jour ?

— Pas vraiment.

Et le pire se produisit le mercredi lorsque son père demanda :

— J'ai réservé une table pour quatre. Qui as-tu invité ?

— Je ne suis pas encore sûre, marmonna Julie. Je te le dirai demain.

Quelle humiliation ! Les autres filles de quinze ans avaient toutes un petit ami ; mais les garçons qui lui plaisaient l'avaient tous plaquée. Rob, Guy ? Elle eut une subite inspiration.

— Résidence universitaire, que puis-je faire pour vous ?

— J'aimerais parler à Guy Griffiths, s'il vous plaît.

— Un instant, mademoiselle...

Une voix de fille répondit :

— Michelle Phillips à l'appareil.

Julie, saisie d'un sombre pressentiment, demanda à parler à Guy. Après une autre longue attente, l'inimitable accent américain du garçon retentit.

— Guy Griffiths à l'appareil.

— C'est moi, Julie, souffla-t-elle, s'efforçant de parler d'une voix rauque et sexy.

— Qui ?

— Julie. La sœur de Warwick.

— Ah, ouais, bien sûr. Salut, ça va ?

— Très bien. Écoute, c'est mon anniversaire samedi, et on va dîner au restaurant. Tu veux venir ? bredouilla-t-elle, en croisant autant de doigts qu'elle pouvait sans lâcher le combiné.

Silence.

— C'est un endroit hyper-sympa, insista-t-elle.

— Ah, euh, c'est gentil de m'inviter, mais ça fait un peu loin pour un dîner, répondit-il en riant. Et, pour être franc, j'emmène Michelle, ma copine, à un concert ce soir-là. Mais bon, merci d'avoir pensé à moi, et passe une super-soirée !

— Merci.

Julie raccrocha brutalement et fondit en larmes. Décidément, personne ne l'aimait.

17

MISE EN SCÈNE

Mlle Olive Ockley était une femme imposante, avec des cheveux gris tirés en chignon et une voix de stentor.

— Bon, je vous présente nos deux nouvelles élèves. Voici Emma Farrant, qui va suivre différents cours avec nous... n'est-ce pas, Emma ?

Emma hocha la tête. Sa mère était toujours persuadée qu'un seul cours suffisait amplement, mais Emma espérait que son père céderait.

— Et voici Alexa Browning, ajouta Mlle Ockley.

Alexa esquissa un sourire nerveux. C'était une fille maigrichonne d'une douzaine d'années, avec de longs cheveux blonds et d'immenses yeux gris. Emma se rappela l'avoir croisée dans la cour : elle était dans la classe du petit frère de Sumitha. Elle regarda avec envie ses dents bien alignées et serra les lèvres pour cacher ses incisives irrégulières.

— Comme vous le savez, la saison du Théâtre Royal de Leehampton commence en mars. Et j'ai de grandes nouvelles à vous annoncer !

Mlle Ockley marqua une pause pour ménager ses effets.

— Non seulement ils feront appel, comme tous

les ans, au conservatoire pour le spectacle de Noël... mais ils ont besoin d'adolescents pour trois de leurs spectacles !

Un murmure d'excitation parcourut la salle.

— Ils doivent monter *Les Grandes Espérances*[1] ; *Emily ou Le Goût du cidre, de* Laurie Lee, retraçant son enfance en Angleterre ; et, bien sûr, le spectacle de Noël : cette année, ce sera *Aladin et la lampe merveilleuse*.

Emma frissonna de plaisir. Si elle obtenait l'un de ces rôles, elle serait peut-être célèbre dans moins d'un an. Il suffisait qu'elle se fasse remarquer par quelqu'un d'important pour devenir la prochaine Emma Thompson.

Elle balaya la salle du regard. Il y avait plusieurs filles plus jolies qu'elle, mais avaient-elles autant de talent ? Comment Mlle Olive avait appelé cela, déjà ? « L'étincelle »...

Alexa se tenait dans un coin, les bras croisés sur la poitrine ; elle semblait très intimidée. « J'étais un peu comme ça, moi aussi, avant, songea Emma, bienveillante. Mais c'est bien fini ! »

— L'audition a lieu dans un mois, annonça Mlle Olive. Je dois sélectionner des candidats pour les rôles du jeune Pip et d'Estella, alors au travail !

Les deux heures suivantes passèrent en un éclair. Ils travaillèrent le thème de la peur. Emma fut sidérée de l'éventail d'émotions que suscitaient les situations inventées par Mlle Olive. Elle réussit à

1. Roman de Charles Dickens (1861) : Pip, jeune orphelin rêveur, découvre la bassesse de la nature humaine ; deux rencontres changeront sa vie. *(N.d.T.)*

prendre les expressions et la voix voulues, mais Mlle Olive lui expliqua qu'elle n'avait pas la gestuelle d'une fille terrorisée.

Ensuite, les élèves se séparèrent en petits groupes pour lire des scènes et jouer différents rôles.

— C'est toi qui jouais Nancy dans *Oliver Twist* ? demanda timidement Alexa à la fin du cours.

Emma acquiesça.

— Tu étais géniale ! J'aimerais jouer aussi bien que toi.

— Oh, tu y arriveras un jour, quand tu auras un peu plus d'expérience, déclara Emma avec condescendance.

Avant de rentrer chez elle, elle s'arrêta à la bibliothèque et emprunta *Les Grandes Espérances*, bien décidée à jouer Estella.

Rob passa chez elle dans la soirée.

— Et ton cours de théâtre ? C'était bien ?

— Fabuleux ! Le Théâtre Royal monte *Les Grandes Espérances* et je dois passer l'audition pour le rôle d'Estella.

— Cool ! Mais tu ne seras pas la seule à te présenter.

— Je sens que je l'aurai.

— Ne te fais pas trop d'illusions. Tu risques d'être déçue.

— Je croyais que tu me trouvais douée !

— Bien sûr, tu es géniale. Si géniale que j'aimerais bien te voir un peu plus souvent. Tu veux qu'on sorte ensemble, samedi ?

Emma accepta. C'était bon d'être appréciée !

Le même soir, John appela Sumitha :

— Je t'en prie, écoute-moi. Je suis désolé. Franchement, je n'ai jamais dit à qui que ce soit que tu étais ma petite amie. Et j'aurais dû écouter ce que tu essayais de dire et... euh, si on repartait de zéro ? Tu veux bien ?

— Comme amis ? Juste comme amis ? demanda sèchement Sumitha.

— Comme amis, promit John en étouffant un soupir. On pourrait se voir samedi et tu me raconteras tout ? D'accord ?

— D'accord.

18

JULIE SÈCHE LES COURS

Le vendredi, Julie était carrément désespérée. Dire qu'elle aurait dû se faire une joie de fêter son anniversaire ! Mais elle n'aurait droit qu'à un repas italien minable, et en plus, aucune de ses amies n'avait accepté de l'accompagner ! Tout son plaisir était gâché.

Assise sur le muret devant le bâtiment des sciences, elle faisait semblant d'être malade pour échapper au cours sur la reproduction des tritons, quand Bex s'approcha.

— Salut, Julie. Tu sèches ? Tu veux venir faire un tour en ville ? proposa Bex.

S'efforçant de prendre un air blasé, Julie examina d'un œil critique ses ongles vernis en noir.

— Quoi ? Maintenant ?

— Évidemment !

Julie hésita. Il y avait une différence entre jouer les malades et faire le mur. Mais finalement, quelle importance ?

— Ouais, cool, dit-elle, copiant délibérément la façon de parler de Bex.

— On va sortir par la petite porte, dit celle-ci en désignant le terrain de football d'un hochement de tête. Y a moins de risques de se faire prendre. Je voudrais essayer les nouvelles fringues chez Sapes. J'ai du fric à dépenser. Et toi, t'en as ?

— J'en aurai peut-être demain, avec un peu de chance. C'est mon anniversaire.

— Ah bon ? Tu fais une fête ?

Elles traversèrent la rue en direction du centre commercial, situé juste en face du lycée. Julie, nerveuse, regarda par-dessus son épaule pour vérifier que personne ne les avait vues.

— Mes parents n'ont pas voulu. Sous prétexte que ça coûte trop cher.

— Et alors ? T'as pas besoin d'eux pour faire la fête ! Si tu venais à *La Décharge* ? Tu sais, la boîte à côté du bowling ? J'y vais avec Fee, Trug devrait venir et tu pourras rencontrer Spike, Eddie et le reste de la bande.

— Je dois aller dîner chez Lorenzo avec mes parents.

— Chez Lorenzo ? Ouah, c'est classe ! s'exclama Bex.

— Mon père passe à la télé pour Superchef, alors il cherche des idées. Pas question d'y échapper !

— On sortait en famille, de temps en temps, avant que mon père se barre, dit Bex avec une moue triste. Et si tu nous rejoignais après ? *La Décharge* est juste à côté !

— J'essaierai, promit Julie. Mais ma mère va en faire un drame. Elle est cool, la tienne, pour ce genre de choses ?

Bex haussa les épaules.

— Elle se fiche de ce que je fais. La moitié du temps, elle est même pas au courant. Vise un peu ces pantalons en satin. Je me verrais bien en fuchsia !

« Je pourrais proposer à Bex de venir au restaurant », pensa Julie. Elle se ravisa en pensant aux commentaires cinglants que son père ferait sur les tenues vestimentaires de sa nouvelle amie. Quel anniversaire !

— Où étais-tu ce matin ? demanda Laura, l'après-midi, quand elles montèrent dans le car. Mlle McConnell m'a envoyée prendre de tes nouvelles et je ne t'ai trouvée nulle part.

— Qu'est-ce que tu lui as raconté ? s'affola Julie.

Laura se glissa sur un siège près de la fenêtre.

— J'ai dit que tu étais rentrée chez toi. Je ne m'attendais pas à te voir débarquer après le déjeuner. Qu'est-ce que t'as fichu ?

— Je suis allée en ville avec Bex, si tu veux le savoir !

— Bex ? Bex Bayliss ? Tu traînes avec elle ? Elle est super-bizarre, cette fille.

— Pas tant que ça, figure-toi. Pas plus bizarre qu'une fille qui ne s'intéresse qu'aux lapins et aux souris blanches !

— Tu deviens vraiment désagréable ! Tu as été horrible avec Emma, l'autre jour, et maintenant tu m'agresses ! Toi qui étais si cool, qu'est-ce que tu as changé !

— J'ai changé, moi ? Et Emma, qui se prend pour une star et qui ne parle plus que de son théâtre ? Et toi ? Quand es-tu venue chez moi la dernière fois ? Tu ne penses plus qu'à peindre des affiches et à coller à ton Daniel. Et demain soir tu me laisses tomber parce que ton petit papa veut te voir. Eh bien, tant pis, Bex est ma copine maintenant et elle sait s'amuser, elle !

— Très bien, va voir ailleurs si j'y suis ! soupira Laura.

19

LES PÈRES ONT DES SOUCIS, EUX AUSSI !

Le père de Julie attendait son tour devant le distributeur de billets. S'il retirait la somme nécessaire pour payer le repas chez Lorenzo et acheter le cadeau de Julie, il ne resterait plus assez d'argent sur son compte pour régler la facture de gaz, déjà en retard. Et il devait encore acheter cette fichue minichaîne pour Julie ! Une discussion houleuse avait eu lieu avec Ginny à ce sujet. Pour Barry il était grand temps que sa fille affronte les dures réalités de la vie, alors que Ginny considérait comme important qu'elle se sente à égalité avec ses copains ! Et les autres avaient tous une minichaîne. « Julie grandit, elle se cherche », disait Ginny.

« Pourvu qu'elle se trouve vite ! » pensa Barry.

Il détestait être fauché. Sa nouvelle entreprise n'était pas exactement une mine d'or. Si seulement il avait pu réunir de quoi ouvrir un restaurant ! Mais inutile de rêver. Au mieux, il pouvait espérer remporter la finale de Superchef le mois prochain et gagner les deux mille euros. Son banquier serait ravi. Barry inséra sa carte et décida de vider son compte. Un message d'un vert à vomir apparut sur l'écran : « Opération impossible. Contactez votre banque. »

Rajiv Banerji se sentait coupable. La remarque de Sumitha l'avait piqué au vif : « Si Sandeep voulait faire une carrière scientifique, tu serais super-content. » Il avait alors réalisé qu'il ne savait pas grand-chose de son fils ; il ne connaissait pas ses amis, il n'avait aucune idée de ce qui l'intéressait. Sandeep ne ramenait jamais de copains à la maison, contrairement à Sumitha qui, à son âge, avait déjà invité chez eux la moitié de Leehampton. Sumitha aurait dû être le garçon, finalement ! Elle était plus audacieuse, plus courageuse, plus déterminée, alors que Sandeep était un enfant timide, docile, discret, petit pour son âge, qui passait son temps à lire ou à construire des modèles réduits. Et il se repliait de plus en plus sur lui-même. Rajiv eut des remords ; il devrait peut-être passer davantage de temps avec lui. Et s'il l'emmenait à la boutique de modèles réduits ? Non pas ce week-end... il était de garde, et d'ailleurs il avait promis à Sumitha de lui faire visiter le nouveau service de radiologie. Ce serait donc pour la semaine suivante.

Andrew Farrant se laissa tomber avec soulagement dans son fauteuil préféré. La journée avait été pénible : il avait pratiqué sept interventions et le petit Tommy Anderson, qui avait beaucoup saigné après l'ablation de ses amygdales, souffrait maintenant d'une forte fièvre. Il devrait retourner à l'hôpital, plus tard dans la soirée, pour l'examiner.

Il retira un pot de pâte à modeler de sous le coussin. Depuis que Claire s'occupait de la crèche, leur maison ressemblait tantôt à une garderie, tantôt à une galerie d'art alternatif ; il n'était pas certain d'apprécier. Mais il n'avait pas le droit de se plaindre : il avait harcelé Claire pendant des mois pour qu'elle s'occupe à l'extérieur et, depuis qu'elle travaillait à la crèche, elle était plus facile à vivre.

Ce qui ne l'empêchait pas de se braquer contre la nouvelle passion d'Emma pour le théâtre.

— J'ai dit à Emma qu'elle ne pouvait suivre qu'un seul cours, lui avait déclaré Claire la veille au soir. Je parie qu'elle va essayer de...

— Pourquoi pas ? avait-il répliqué.

— À cause du prix, déjà. Ces cours ne sont pas donnés, tu sais. Et ensuite le Brevet approche, elle a besoin de sommeil, elle devient vraiment pénible.

— Elle a pris un peu d'assurance, tu veux dire, avait coupé Andrew.

— ... et tu ne connais pas son dernier caprice ? Elle veut se faire faire des mèches. Va savoir qui elle va fréquenter dans cette école !

— Attends, attends. Quel est le problème ? Tu t'inquiètes pour l'argent, pour son travail scolaire ou pour sa coiffure ? Tu n'aurais pas plutôt peur de la voir t'échapper ? Elle a sa vie, elle aussi, tu sais.

Il avait aussitôt regretté ces paroles. Claire l'avait regardé fixement, les joues rouges. Ses yeux brillaient d'un éclat suspect.

— Eh bien, fais comme bon te semble. Après tout, je ne suis que sa mère.

Andrew prit son journal en soupirant. Au même instant, Emma entra en trombe.

— Papa, j'ai une faveur à te demander. C'est au sujet du théâtre.

— Oui ?

— Tu vois, il y a deux autres cours et je me demandais...

— Oui. Tu peux t'y inscrire. Mais si jamais ton travail scolaire en pâtit, on arrête tout immédiatement.

— Papa, tu es trop cool ! s'écria-t-elle en se jetant à son cou. Je travaillerai dur, je te le promets ! Et, tu sais, quand je serai célèbre...

– Hé, une minute ! Tu ne sais même pas si tu es douée.

— Oh, si, je le sais ! déclara-t-elle en rejetant ses cheveux en arrière avant de lui lancer un sourire de femme fatale.

Le samedi matin, Henry Joseph examina avec attention son reflet dans le miroir de la salle de bains. « Pas si mal, pour un homme de cinquante et un ans », se dit-il en se frappant le ventre avec satisfaction. Ses efforts commençaient à payer.

— John ! appela-t-il. John, ça te dirait, une partie de golf, cet après-midi, fiston ?

— Non, répondit son fils derrière la porte fermée de sa chambre. Je sors.

— Avec la petite Indienne ? gloussa Henry en appliquant de la crème hydratante sur ses joues couperosées.

John surgit de sa chambre.

— Oui, avec Sumitha ! Et pourquoi tu l'appelles comme ça ? Je ne pense pas que Mme Banerji m'appelle « le petit Anglais ».

— Ne te fâche pas, ils sont aussi bien que nous... enfin, presque ! pouffa son père en levant les mains en signe de reddition.

— Tu es à vomir ! hurla John.

Peter Turner se servit un whisky en pensant à sa soirée avec Laura. Il l'attendait avec impatience. Les fêtes de Noël avaient été désastreuses. Il n'avait plus qu'un désir, parler avec sa fille pour sortir de cette situation idiote. Pour lui, cette année avait été difficile sur tous les plans. Il était épuisé. Betsy ne l'aidait pas. Il l'avait toujours crue gentille et sensible mais, ces derniers temps, elle avait été franchement odieuse avec lui. Quant à ses enfants, rien de ce qu'il faisait ne trouvait grâce à leurs yeux alors qu'il se mettait en quatre pour leur plaire. Laura n'avait jamais été comme ça... mais c'est vrai que Laura était spéciale. En fait, Betsy les élevait très mal. Et dès qu'il abordait ce sujet, elle montait sur ses grands chevaux. Elle s'était offusquée qu'il veuille dîner en tête à tête avec Laura et avait déclaré :

— Nous sommes une famille, maintenant, et ta chère fille doit l'accepter. Ce serait l'occasion rêvée pour que Sonia et Daryl apprennent à mieux la connaître.

Mais Peter était resté inébranlable. Il tenait à cette soirée avec sa fille. C'était la première étape de son plan.

20

LAURA PASSE À L'ACTION

Le samedi matin, comme la mère de Laura entrait dans la cuisine, les yeux encore lourds de sommeil, sa fille lui annonça :

— Écoute-moi bien, maman. Ce carton est destiné aux boîtes de conserve vides, celui-là aux bouteilles en plastique, celui-là aux chiffons...

— Attends, attends, protesta Emily en portant la main à sa tête, tu ne vas pas encombrer ma cuisine avec ces horreurs !

— Tu tiens vraiment à ce que ton bébé naisse dans un monde pourri ? ricana Laura. Réfléchis, pense à l'énergie et aux ressources gaspillées et...

— D'accord, d'accord. Je veux bien faire un effort. Tu peux en laisser un dans le coin à côté de la machine à laver. Et mets les autres dans le placard sous l'escalier, hors de mon chemin.

— Ah oui, c'est ça, pour que tout le monde oublie !

— Laura !

— Oh, d'accord.

— Je sors, annonça Laura pendant le petit déjeuner.

— Et à quelle activité enrichissante vas-tu te livrer, ce matin ? demanda Melvyn.

— Je vais à une manifestation, si tu veux le savoir, rétorqua-t-elle en le fusillant du regard.

Melvyn et Emily échangèrent un coup d'œil surpris.

— Quel genre de manifestation, exactement ? demanda Emily.

— Devant le labo de Leehampton. Ils testent leurs shampoings sur les lapins et ils font manger du gel pour les cheveux à des rats ! C'est horrible !

— Je ne suis pas tout à fait sûr que ces manifestations soient très efficaces, dit Melvyn.

— Ah bon ?

— J'ai participé à quelques marches de protestation antinucléaires quand j'étais étudiant. La plupart du temps, elles se sont terminées en bagarre entre la police et des agitateurs, ce qui donnait finalement une mauvaise image de notre mouvement.

— Eh bien, celle-ci sera différente. Daniel y est déjà allé et il dit...

Emily soupira :

— Ah, Daniel ! J'aurais dû me douter qu'il était là-dessous.

— Qu'est-ce que tu veux dire ?

— Oh, rien, tu es juste amoureuse. D'où cet intérêt soudain pour le recyclage et le bien-être des souris blanches...

— Qu'est-ce que tu vas inventer ? Je ne suis pas

amoureuse ! Je me soucie simplement de notre monde et de son avenir. Votre génération détruit notre planète et nous devrons payer les pots cassés. J'irai à cette manif, quoi que tu puisses penser !

Laura fourra le reste de sa tartine dans sa bouche, saisit sa veste et son panneau et fila sans demander son reste.

21

C'EST MON ANNIVERSAIRE ET JE PLEURE SI JE VEUX !

— Bon anniversaire, chérie ! s'écria Ginny en serrant Julie dans ses bras.

Elle lui montra en souriant la table de la cuisine couverte de paquets et de cartes.

— Plein de bonnes choses, ma puce ! dit Barry.

Il lui déposa un baiser rapide sur la joue.

— Faut que je file, ajouta-t-il en saisissant une marmite. J'ai mis du lapin à mariner au local, et je ne dois pas le laisser trop longtemps dans le vin.

« Super, pensa Julie. Maintenant, je passe après un civet de lapin. »

Elle regarda les paquets et sentit son cœur se serrer. Aucun n'était assez grand pour contenir une chaîne stéréo, ni même une minichaîne. La déception lui noua la gorge. Elle était tellement persuadée que ses parents finiraient par céder, comme d'habitude ! Une preuve supplémentaire qu'ils ne l'aimaient plus !

— Tu ne les ouvres pas ? demanda tendrement Ginny en s'asseyant. Tiens, celui-là est de notre part, à ton père et à moi.

Julie déchira le papier et ouvrit la boîte. Elle contenait un pendentif en or en forme de croissant et des boucles d'oreilles assorties en forme d'étoiles. Le tout enveloppé dans un chèque de quarante euros. « À peine assez pour un pantalon taille basse », songea-t-elle.

— C'est super-mignon. Merci, maman, dit-elle en s'efforçant de paraître enthousiaste.

— Viens, je vais t'aider à les mettre, dit Ginny. Tu sais, ma chérie, je suis désolée qu'on n'ait pas pu acheter la chaîne stéréo, mais nous sommes très justes en ce moment. Nous nous rattraperons dès que j'aurai négocié mon augmentation avec Hot FM et que l'affaire de papa deviendra plus rentable. D'accord ?

Julie hocha la tête, incapable d'articuler un son.

— Ouvre le reste ! l'encouragea Ginny.

Julie lut consciencieusement les petits mots de sa tante (chèque de trente euros, pas mal), de sa marraine (chèque de quarante euros, mieux) et de sa grand-mère (minisac à dos, génial pour une vieille dame). Il y avait un gros paquet de la part de Geneva contenant un masque africain et une tapisserie, et un mot de Warwick qui disait : « Bon anniversaire, tu auras ton cadeau quand je serai riche ! » Elle ouvrit la dernière carte et fondit en larmes.

— Ma chérie, qu'est-ce qui t'arrive ?

Julie renifla doucement sans rien dire.

— Oh, mon Dieu, tu as vu l'heure ? s'écria sa mère en regardant l'horloge. J'ai une réunion à huit heures quarante-cinq !

Elle prit sa mallette et contempla sa fille. Brusquement, la colère l'envahit. Était-ce dû à la culpabilité ? Au fait que son article pour le journal n'était qu'à moitié écrit et qu'elle n'avait aucune idée géniale en tête ? Ou bien à la fatigue de jongler avec une demi-douzaine de boulots en ne dormant que quatre heures par nuit ? Elle explosa :

— Bon sang, Julie, grandis un peu ! D'accord, tu n'as pas eu ce que tu voulais ; mais il est temps que tu comprennes qu'on n'a pas toujours ce qu'on veut. À cet après-midi !

Julie regarda sa mère s'éloigner à travers ses larmes. Elle était partie sans même l'embrasser, le jour de son anniversaire. Et puis c'était injuste. Elle ne pleurait pas sur sa chaîne stéréo. Elle pleurait parce qu'aucune de ses amies, pas même Laura, n'avait pensé à lui envoyer une carte pour son anniversaire.

22

DÉCEPTION

— On n'a qu'à y aller à pied, suggéra Daniel. Ça la ficherait mal dans le bus, ces panneaux ! Fais voir le tien.

Laura retourna son panneau.

VOULEZ-VOUS FAIRE LA BELLE
SANS PENSER À LA BÊTE ?

— C'est top ! Où vas-tu chercher des idées pareilles ?

— Elles viennent toutes seules, avoua-t-elle en haussant les épaules. Je serai romancière un jour.

Daniel sourit.

— Tu parles comme ma sœur. Elle ne dit jamais : « Je veux devenir actrice », mais toujours « Je serai actrice ».

— Il faut être positif. Je ne savais pas que tu avais une sœur.

— Oui, Alexa. Elle a douze ans. Elle est dans ton lycée. Tu ne l'as pas vue au Nouvel An parce qu'elle passait le week-end chez nos cousins du Sussex.

Il contempla de nouveau le panneau de Laura.

— C'est censé être un lapin, ça ?

Laura fit la grimace.

— Euh... oui. En fait, je suis nulle en dessin.

— Moi aussi. De toute façon, c'est le slogan qui compte !

« John m'aurait fait un dessin superbe, pensa Laura. Peut-être que, la prochaine fois, je pourrais... non, il faut que j'arrête avec lui », se dit-elle sévèrement.

— On sera combien à la manif ? demanda-t-elle à Daniel.

— Au moins une trentaine d'étudiants de mon université ; peut-être quelques élèves des Beaux-Arts, aussi... et l'Association de défense des animaux de Leehampton, probablement. Viens, on traverse ici, dit-il en glissant sa main dans celle de Laura, qui lui sourit, aux anges.

Devant l'entrée du laboratoire, ils retrouvèrent une foule assez nombreuse de manifestants qui brandissaient des panneaux en scandant des slogans. Une demi-douzaine de policiers discutaient près de la clôture grillagée.

Daniel s'approcha d'un homme trapu, vêtu d'un pantalon de velours côtelé et d'un anorak violet, qui examinait attentivement un tableau d'affichage à travers ses lunettes aux verres épais.

— Je te présente Laura Turner. C'est sa première manif. Laura, voici Gavin Pykett. C'est le président de notre groupe de défense des animaux à la fac.

— Salut, Laura, dit Gavin. Allez vous mettre là-bas, près de l'entrée latérale, ajouta-t-il en désignant une porte cadenassée. Il y a une grande réunion ce matin ; le directeur du laboratoire ne devrait pas tarder. On bloquera les deux entrées.

Laura et Daniel s'éloignèrent et s'assirent sur le trottoir.

— Mais c'est Laura, quelle surprise !

Laura leva la tête et reconnut la mère de John, emmitouflée dans un duffel-coat orange vif et plusieurs écharpes.

— Bonjour, madame Joseph ! s'exclama-t-elle, stupéfaite. Qu'est-ce que vous faites là ? Je ne m'attendais pas à vous trouver ici.

— Et pourquoi pas ? Je ne supporte pas qu'on fasse des expériences sur les animaux, alors j'ai décidé de m'inscrire au groupe de défense des Beaux-Arts... et me voilà.

— J'aimerais bien que ma mère se sente aussi concernée que vous !

— Je crois que si j'étais enceinte de sept mois, je préférerais moi aussi rester à la maison. Ton slogan est génial, ajouta-t-elle en lisant le panneau de Laura avant de repartir vers l'entrée principale.

Laura regarda autour d'elle. Peut-être John avait-il accompagné sa mère ? « Stop ! j'arrête de penser à lui ! » Elle ramena son attention vers Daniel, qui venait de lui passer un bras autour des épaules, et décida d'en tomber amoureuse.

Cinq minutes plus tard, sur un signal de Gavin, les manifestants bloquèrent l'accès aux portes. Il n'y eut aucune réaction.

— C'est bizarre, dit Gavin au bout d'une demi-heure. D'habitude, la police intervient immédiatement pour nous faire dégager les issues.

— Je peux vous aider, monsieur ? demanda un policier, tout sourire.

Daniel lui jeta un regard noir. Laura sourit timidement.

— Vous attendiez peut-être l'arrivée des délégués. Malheureusement la réunion a lieu à l'usine de Swansea. Je crois que vous perdez votre temps...

Ce fut la déception générale. Daniel était furieux.

— Je suis dégoûté. Moi qui étais super-excité à l'idée de leur rentrer dedans !

Laura leva la tête.

— Comment ça ?

— Oh, rien, j'aime les actions concrètes, c'est tout. Heureusement qu'il y a encore Fettlesham le mois prochain.

— Fettlesham ? La nouvelle zone industrielle de l'autre côté de la ville ?

Daniel hocha la tête.

— CurePlan vient d'y ouvrir un nouveau laboratoire. Ils testent, eux aussi, les vaccins et les médicaments sur des animaux.

— Je n'aurai peut-être pas la permission d'y aller, hasarda Laura.

— Oh, s'il te faut l'autorisation de tes parents pour défendre une cause juste, alors...

— Non, non ! je leur expliquerai. Tu as raison. Il faudra bien qu'ils comprennent. Ils sont tellement passifs, confia-t-elle.

— Les miens aussi. C'est une question de génération. Alors, je compte sur toi ?

— Oui. Pas de problème.

23

JOHN SE SOUVIENT

— Je meurs de faim. Où étais-tu, Maman ?

— À une manifestation devant le laboratoire de Leehampton, répondit Anona.

Elle accrocha son écharpe et son manteau à la patère dans l'entrée.

— Tu n'as qu'à te faire un sandwich, il n'y a plus rien dans le frigo. Je n'ai pas eu le temps de faire les courses.

John soupira.

— Toi qui nous préparais toujours une quiche le samedi ! Et ça fait une éternité que tu ne nous fais plus de gâteaux.

— Il y a d'autres priorités dans la vie, répliqua Anona en remplissant la bouilloire. Tiens, j'ai croisé Laura Turner à la manif. Elle avait un panneau génial : « Voulez-vous faire la belle sans penser à la bête ? » Subtil, tu ne trouves pas ? En revanche, le lapin qu'elle avait dessiné n'était pas terrible, glousse-t-elle.

— Elle est nulle en dessin. Je ne savais pas qu'elle s'intéressait à la défense des animaux. C'est le genre à défendre n'importe quoi, juste pour le plaisir d'argumenter, ajouta-t-il en souriant.

— Tu ne la vois plus ?

— Mmm.

« Elle était drôle », songea-t-il rêveusement. Il aimait bien son côté passionné et entreprenant. Bien sûr, Sumitha était formidable. Pourtant...

— Évidemment, pour le moment, tu as d'autres chats à fouetter... le taquina sa mère.

24

LA GUERRE DES PRÉNOMS

— Alors, comment s'est passée la manif ? demanda Melvyn à Laura.

— Bien, répondit-elle, laconique, décidée à ne pas avouer qu'elle avait perdu son temps.

— Il n'y avait pas d'éléments perturbateurs ? insista Melvyn.

— Sauf si tu penses que la mère de John en est un ! répliqua Laura.

Elle jeta sa casquette en velours dans l'escalier d'un geste rageur.

— Quel rapport avec Anona ? demanda Emily qui passa la tête par la porte de la cuisine.

— Elle y était, si tu veux le savoir.

— Anona Joseph ? répéta Melvyn, interloqué. À la manif ?

— Oui. Figure-toi que c'est une personne sensible qui ne reste pas le derrière sur son fauteuil quand on torture de pauvres animaux, elle ! déclara Laura, assez fière de ce discours véhément.

— Elle fait ce qu'elle veut, dit Melvyn, mais ça ne me plaît pas que tu ailles à ces manifestations.

— Quel dommage ! cria Laura en jetant son panneau par terre. Eh bien, figure-toi que ça ne me plaisait pas que tu fréquentes ma mère et que tu lui fasses un enfant, et ça ne vous a pas gênés !

— Ça ira mieux quand Tarquin sera là ! lança Melvyn en souriant.

— On peut rêver, répliqua Emily depuis la cuisine.

— C'est qui, Tarquin ? demanda Laura.

Elle passa devant sa mère pour aller jeter un emballage de dentifrice vide dans la boîte marquée « carton ».

— Bonjour, ma chérie, dit Emily, fermement décidée à ignorer la mauvaise humeur de sa fille. Si le bébé est un garçon, nous l'appellerons Tarquin, expliqua-t-elle.

— Quoi ! Mais c'est affreux ! Je ne me promènerai pas avec un frère... un *demi*-frère, affublé d'un nom pareil. Pas question.

— Ah ! fit Emily.

— Enfin, ce sera peut-être une fille, intervint Melvyn. Et dans ce cas, nous l'appellerons Phoebe.

— Phoebe ! s'étrangla Laura. Mais ça va pas ! Où avez-vous pêché un nom aussi tordu ?

— J'ai joué le rôle de Phoebe dans *Comme il vous plaira* au lycée, expliqua Emily.

— Heureusement que tu n'as pas joué dans *Othello*, dit Laura. Tu l'aurais appelée Desdémone ! Pauvre gosse !

25

QUELLE AMBIANCE !

— C'est quoi, la tenue de ta fille ? demanda discrètement Barry à Ginny en entrant chez Lorenzo.

— Qu'est-ce que tu lui reproches ? répliqua Julie, qui avait entendu la remarque.

Elle était vêtue d'une chemise léopard et d'une minijupe en daim rouge achetées l'après-midi même. Elle détestait faire les magasins sans ses amies et n'était pas sûre d'avoir bien choisi.

— Rien, rien du tout. Elle fait très branchée, tu ne trouves pas, Barry ? s'empressa de dire Ginny.

Elle donna un discret coup de coude à son mari.

— Oui, en effet, dit il.

Il n'aimait pas non plus le truc noir qu'elle s'était mis autour des yeux, mais il préféra se taire.

La salle était comble ; heureusement Barry avait réservé une table dans un coin tranquille, sous une fausse plante grimpante.

— C'est l'endroit parfait pour observer les gens, tu ne trouves pas, Julie ? gazouilla Ginny.

Elle sentait que Julie regrettait l'absence de Sumitha et de Laura, et elle espérait lui prouver qu'une soirée en famille pouvait être amusante.

— Alors, que vas-tu manger, ma chérie ? Tu peux choisir ce que tu veux. C'est ton anniversaire !

Julie examina le menu.

— Des champignons à l'ail, des spaghettis sauce bolognaise et une salade de tomates. Avec une tonne de pain à l'ail.

— Oh, Julie, gémit Barry, tu prends toujours les mêmes plats ! C'est un restaurant italien très renommé. Tu pourrais essayer autre chose. Il paraît que le foie sauté est formidable !

— Beurk ! Maman a dit que je pouvais commander ce que je voulais.

— Alors, va pour les spaghettis sauce bolognaise. Mais je pense que...

— Ne pense pas, souffla Ginny, les dents serrées. Tais-toi.

— J'espère que cet endroit te plaira, Laura chérie, dit son père en l'entraînant vers une table. Je venais souvent ici avec ta mère, autrefois.

— C'est sympa, déclara Laura en regardant autour d'elle.

Elle était un peu inquiète. Elle n'avait pas repéré le moindre paquet ; pas de poche gonflée ni de sac discrètement dissimulé. Où était son cadeau de Noël ?

— Voulez-vous un apéritif, monsieur ? demanda la serveuse en leur tendant des menus.

— Oh oui, avec plaisir, dit Peter. Je prendrai un double scotch avec des glaçons... et toi, que veux-tu, Laura ?

— Un Pepsi Light, s'il vous plaît.

— Hé oui, c'était le bon temps, reprit Peter,

nostalgique. Nous demandions à Mamie de te garder et nous venions dîner ici. Ta mère commençait toujours par un melon au jambon de Parme. Tu devrais prendre les *canneloni abruzzi*, ajouta-t-il après avoir examiné la carte. Ils sont farcis de foie de volaille, avec de la crème fraîche et...

— Tu oublies que je suis végétarienne, papa. Je me contenterai de lasagnes aux légumes.

— Un des plats préférés de ta mère, continua son père, mélancolique.

— Tu verrais les trucs bizarres qu'elle mange maintenant ! Chocolat, sandwichs à la banane et j'en passe ! Alors, tu as passé un bon Noël ? enchaîna-t-elle, histoire de lui rappeler qu'elle attendait un cadeau.

— Entre nous, ma chérie, l'ambiance n'était pas terrible. Tu m'as tellement manqué, et ta mère aussi, tu sais... Oh, merci, fit-il à la serveuse qui leur apportait les boissons.

Laura le regarda, surprise. Comme il ne leur avait pas donné signe de vie, elle était persuadée qu'il passait des vacances merveilleuses avec l'abominable Betsy et qu'il les avait oubliées.

Peter avala une grande gorgée de scotch et appuya son menton sur ses mains croisées.

— La vie est bien compliquée, soupira-t-il. Sonia et Daryl ne m'aiment pas beaucoup et Betsy ne supporte pas la moindre critique à leur sujet. J'ai parfois l'impression d'être la cinquième roue du carrosse.

— Eh bien, tu l'es ! C'est-à-dire que... tu n'es pas leur père, se rattrapa-t-elle aussitôt. J'ai le même problème avec Melvyn. Mais, bon, je dois reconnaître qu'il n'essaie pas de prendre ta place.

— Il a intérêt ! s'écria-t-il en abattant son poing sur la table, ce qui fit vaciller dangereusement la carafe. Il m'a volé ma femme, ma fille...

— Chut, papa, les gens nous regardent !

— Un autre scotch... un double ! lança Peter à la serveuse.

« Oh, flûte ! » pensa Laura.

— Quel dommage que Laura et Sumitha n'aient pas pu se libérer ce soir ! dit Ginny. Tu ne t'ennuies pas trop avec tes vieux parents ?

— Pas grave, marmonna Julie en enroulant des spaghettis autour de sa fourchette. Elles ne m'intéressent plus.

— Quel dommage que Geneva n'ait pas pu se joindre à notre petite fête ! soupira son père, en faisant signe à la serveuse. Elle est tellement drôle !

« Je le savais, pensa Julie : il l'aime plus que moi. »

— Eh bien, vous n'aurez pas à me supporter longtemps. Je sors ce soir, annonça-t-elle.

Barry ouvrit la bouche, mais Ginny l'arrêta d'un regard noir.

— Comment ça, « te supporter » ? protesta-t-elle aussitôt. Nous sommes ravis de t'avoir toute à nous ce soir. Et où as-tu l'intention d'aller, exactement ?

— En boîte, avec Bex, déclara Julie, d'un ton sans réplique.

— Bex comment ? demanda Ginny.

— Quelle boîte ? interrogea Barry.

— On est en pleine période d'Inquisition ? fit Julie.

— Bien sûr que non, ma chérie, dit Ginny. Nous voulons juste savoir où tu vas et avec qui.

— Eh bien, Bex est une copine, la boîte s'appelle *La Décharge* et...

— Alors là, n'y compte pas, la coupa son père.

— Pardon ?

— J'ai vu la faune qui fréquente cet endroit et je t'interdis d'y aller, point final. Et nous n'avons pas l'honneur de connaître la Bex en question...

— Ah, super. Merci beaucoup. J'ai quinze ans et mon père décide encore où j'ai le droit d'aller. C'est pas juste...

— Attends, j'ai une autre idée, intervint Ginny. Tu ne vas pas nous laisser tomber ce soir alors que nous sommes si contents d'être avec toi. Pourquoi n'inviterais-tu pas Bex à dîner, un de ces quatre, pour qu'on fasse sa connaissance ?

— Non, mais je rêve ! Vous me parlez comme à une gamine de maternelle. Je ne suis plus un bébé !

Barry et Ginny se regardèrent.

— Chérie, si cette boîte est mal fréquentée, je ne pense pas... commença Ginny.

— Oh, laisse tomber, je n'irai pas, riposta Julie.

À vrai dire, elle n'était pas sûre de vouloir vraiment s'y rendre.

— Je ne vais plus voir personne, je n'aurai plus d'amis. Vous serez contents, hein ?

— Voulez-vous un dessert ? demanda la serveuse.

— Que dirais-tu d'une pâtisserie, Laura ? proposa son père.

— Non, merci, j'ai trop mangé.

Elle aurait pu dévorer allégrement une double part de tiramisu, mais son père avait vidé une bouteille de bordeaux à lui tout seul et elle ne voulait pas lui laisser le temps de commander autre chose.

— Bon, alors nous prendrons juste des cafés, dit-il à la serveuse. Ah, et un armagnac pour moi, merci.

— Papa, tu as assez bu, chuchota Laura.

— Qu'est-ce que tu racontes ? C'est la fête, aujourd'hui. Je ne te vois pas assez souvent, Laura.

— À qui la faute ? Tu sais où me trouver.

— Si tu savais comme ça m'est pénible de venir dans cette maison et de voir ta mère avec Melvyn ! Et maintenant qu'elle va avoir un bébé, je n'en ai plus le courage. Je veux la récupérer, Laura. C'est mon enfant qu'elle devrait porter.

— Pourtant je croyais... ! s'exclama Laura, stupéfaite.

— Tu vois, quand elle m'a mis dehors, je me suis senti...

— Mais papa, c'est toi qui es parti avec Betsy !

— Ah, mais c'est parce que j'étais très vulnérable à cette époque. Je n'avais pas du tout l'intention de divorcer. Je l'ai expliqué à ta mère. Je ne serais jamais parti si elle n'avait pas insisté. Laura, crois-tu... euh... crois-tu que ta mère soit vraiment heureuse ?

Laura se tortilla sur sa chaise, de plus en plus mal à l'aise. Elle ne voulait pas blesser son père.

Mais elle ne pouvait pas lui mentir non plus. Elle garda le silence, atrocement gênée.

— Veux-tu faire quelque chose pour moi, Laura ? Veux-tu faire quelque chose pour ton vieux papa ?

— Quoi ?

— Demande à ta mère de me reprendre. Fais-le, Laura. S'il te plaît. Pour moi.

Ginny et Julie se faufilèrent entre les tables en direction des toilettes tandis que Barry payait l'addition.

— Ginny ! appela une voix pâteuse.

Ginny se retourna et aperçut Peter Turner, qui s'avançait vers elle d'un pas titubant, suivi de sa fille.

— Bonsoir ! dit-elle. Laura, comment vas-tu, chérie ?

— Très bien, merci, madame Gee. Salut, Julie. Bon anniversaire. J'ai un cadeau pour toi chez moi, mentit-elle, je te l'apporterai au lycée lundi.

— Génial, merci, sourit Julie, ravie de voir que finalement Laura avait pensé à elle.

— Alors, vous faites une tête en mafille ? heu... une fête en famille, c'est ça ? bafouilla Peter. La famille, y a que ça de vrai. Profitez-en, Ginny, profitez-en tant que vous les avez. Je disais...

— Papa ! le coupa Laura en lui donnant un coup de coude.

— Bon, il faut qu'on y aille, dit Ginny.

— Nous allons jusqu'au parking avec vous, dit Peter, en lui prenant amicalement le bras.

Barry les rejoignit. Il contemplait l'addition d'un air navré.

— Propose à Peter de le raccompagner, souffla Ginny en le secouant par le bras. Il est complètement ivre.

— Barry, quel plaisir de te voir ! Comment vas-tu ? s'écria Peter, en saluant son ami d'une grande claque dans le dos. Te voilà avec ta charmante petite famille ? Tu as de la chance, Barry, beaucoup de chance ! Les joies de la famille...

— Papa ! intervint une fois de plus Laura, visiblement au bord des larmes. Viens, s'il te plaît, il est temps de rentrer.

— Tu sais, Peter, tu ne devrais pas conduire, suggéra Ginny, prenant les choses en main. Tu vas rentrer en taxi. Nous déposerons Laura chez elle au passage.

— Tu es toujours de bon conseil, Ginny, tu as raison. Tu as une femme formidable, Barry. Bon, au revoir, ma chérie, ajouta-t-il en se tournant vers sa fille pour la serrer dans ses bras. Et n'oublie pas ce que je t'ai dit. Je compte sur toi.

Laura suivit les Gee à contrecœur jusqu'à leur voiture. Elle se sentait sur le point d'éclater en sanglots.

— Ça va ? lui demanda gentiment Julie.

— Bien sûr, pourquoi ça n'irait pas ? répliqua sèchement Laura.

« Mon père a oublié mon cadeau de Noël, il s'est mis à boire et il veut que je parle à maman. Je nage dans le bonheur ! » songea-t-elle.

26

LA NUIT PORTE CONSEIL

Laura ne dormit guère cette nuit-là. Pourquoi avait-il fallu que les Gee dînent dans le même restaurant ? Elle n'avait jamais vu son père ainsi. Tout était la faute de l'abominable Betsy. C'était elle qui l'avait rendu alcoolique. À moins que ce ne fût sa mère ? Quoi qu'il en soit, c'était à Laura de le sauver.

Elle pensait sans cesse à leur conversation. S'il ne voulait pas les quitter, pourquoi était-il parti ? Sa mère l'avait-elle vraiment jeté dehors ? Laura avait cru qu'il partait parce qu'il en aimait une autre. Enfin, les parents disent souvent ce qui les arrange. Toujours est-il que son père vivait avec Betsy, pas avec elles et, s'il tenait tant à sa fille, il n'aurait pas oublié son cadeau de Noël, songea-t-elle, un peu honteuse d'avoir des pensées pareilles.

Il voulait qu'elle parle à sa mère. Ce serait génial qu'il revienne vivre à la maison, mais... et Melvyn, alors ?

Et le bébé ? Enfin... chose promise, chose due. Elle parlerait à sa mère. Ça ne serait pas facile.

Julie contemplait le plafond sans arriver à trouver le sommeil. Elle n'avait pas la sensation d'avoir quinze ans : elle ne ressentait rien. Elle savait qu'elle était jolie, loin d'être idiote et sympathique. Alors pourquoi n'avait-elle plus d'amis ?

Laura avait à peine desserré les dents dans la voiture. Et quand Julie lui avait proposé de venir chez elle le lendemain écouter des CD, Laura avait marmonné qu'elle avait des choses à faire. Eh bien, si elle ne voulait pas de son amitié, Julie trouverait quelqu'un d'autre. Elle aurait dû sortir avec Bex sans tenir compte des remarques de ses parents. Si elle ne pouvait pas faire ce qu'elle voulait à quinze ans, quand le pourrait-elle ?

« À partir de ce soir, je ferai ce que je veux, se promit-elle en remontant la couette par-dessus sa tête, et, si ça ne leur plaît pas, tant pis pour eux ! »

27

GINNY VEND LA MÈCHE

— Salut, Emily, c'est moi, Ginny.

Emily coinça le téléphone sous son menton.

— Salut, comment vas-tu ? Ça me fait plaisir de t'entendre. On dirait que tu es en forme.

— Je me sens très bien ! Aujourd'hui, j'ai acheté deux nouvelles jupes et un adorable pull en angora turquoise. Il ne me reste plus qu'à les cacher à Barry. Bref, je t'appelais pour une autre raison... nous avons emmené Julie au restaurant, samedi soir, et nous avons croisé Peter et Laura.

— Oui ?

— Et... Peter avait trop bu et Laura semblait très mal à l'aise.

— Tout s'explique ! Elle était d'une humeur sinistre en rentrant.

— J'ai pensé qu'il fallait t'en parler. Je ne voudrais pas semer la pagaille entre vous, mais...

— Non, non. Merci de m'avoir prévenue. Ça m'étonne de lui. Je le croyais complètement guéri.

— Pourquoi ? Il a déjà eu ce genre de problème ?

— Non, pas vraiment... mais, chaque fois qu'il rencontrait des difficultés, il avait tendance à se consoler au scotch. Tu crois que je devrais parler à Laura ?

— À ta place, j'attendrais qu'elle aborde le sujet. Après tout, il n'a rien fait de mal. Elle ne s'en est peut-être pas rendu compte.

— Peut-être, dit Emily.

Mais aucune des deux ne le croyait.

28

SIGNAUX D'ALERTE

Dans les semaines qui suivirent, chacun fut absorbé par ses propres préoccupations. Emma avait travaillé avec acharnement au cours de théâtre ; Mlle Olive l'avait remarquée. Elle avait donc eu la joie de voir son nom sur la liste des élèves sélectionnées pour l'audition. Le nom d'Alexa Browning s'y trouvait également, avec une poignée d'autres filles, mais aucune ne l'inquiétait. Elle avait lu *Les Grandes Espérances* et regardé trois fois le film en vidéo, elle coiffait ses cheveux en chignon et s'entraînait à marcher, à parler et à penser comme Estella. Elle avait même obtenu ce qu'elle voulait : deux mèches blondes qui, elle en était sûre, lui donnaient un air hyper-sophistiqué. Sa mère détestait... un bon point. Rob les trouvait sexy : autre bon point.

— Pourquoi te tiens-tu comme ça, toute raide ? demanda un jour Laura, alors qu'elles se changeaient pour le cours d'éducation physique.

— Je répète mon rôle, dit Emma.

Mlle Olive avait expliqué que, pour bien jouer un personnage, il fallait se mettre dans sa peau.

— Eh bien, si tu veux mon avis, ça te donne l'air crétin, déclara Laura. Et de quel rôle s'agit-il ?

— Celui d'Estella dans *Les Grandes Espérances*, la pièce que le Théâtre Royal jouera cet été.

— Tu as eu le rôle ? C'est génial. Depuis quand le sais-tu ?

— Eh bien, je n'ai pas exactement...

— Hé, Julie, attends-moi ! lança Laura en courant vers son autre amie sans laisser à Emma le temps de finir sa phrase. Tu es au courant ? Emma va jouer...

Sa voix s'évanouit dans le lointain.

Emma se sentit gagnée par un léger embarras. L'audition n'était que dans deux semaines. Bof. Ce n'était pas grave. Elle était sûre d'avoir le rôle, de toute façon.

Autre petit problème, elle n'avait pas encore parlé de l'audition à sa mère.

L'intérêt tout neuf de Sumitha pour les sciences n'avait pas faibli ; le mérite en revenait au séduisant M. Sharpe plutôt qu'à une quelconque fascination pour les molécules ou la chaîne alimentaire. Quand il lui demanda de l'aider à monter un club de science pour les élèves du lycée, elle fut aux anges. Les réunions avaient lieu le jeudi et, en s'y prenant bien, elle pouvait rester pour l'aider à ranger, ce qui lui donnait dix minutes en tête à tête avec lui. Paul lui parlait d'égal à égale. Il discutait de tout avec elle, depuis l'enseignement en Inde jusqu'aux voyages dans l'espace, en passant par la musique électronique dont il raffolait. La nuit, dans son lit, elle revivait leurs conversations. Elle était certaine qu'il l'appréciait... et elle l'aimait tellement !

— Tu as un frère en sixième, n'est-ce pas ? lui demanda-t-il un soir, tandis qu'ils rangeaient le matériel.

— Oui, monsieur. Sandeep est dans la classe de M. Bird.

— Mmm, fit Paul. Je l'ai comme élève. Il va bien ?

— Comment ça ?

— Il a l'air préoccupé et triste, en ce moment. À l'écrit, il obtient des résultats largement au-dessus de la moyenne, mais il ne prend jamais la parole en classe. Je me demandais juste...

— Oh, il va très bien, dit Sumitha, contrariée de gâcher un temps précieux à parler de son frère. Il a peur de tout, et il a toujours été timide. Ça passera en grandissant.

— Eh bien, je crois qu'il faut prêter attention à lui, dit-il gravement. Parle-m'en si tu découvres quelque chose à son sujet.

Sumitha acquiesça.

— Heureusement qu'il a l'air de bien s'entendre avec la petite Morrant, ajouta-t-il songeusement. Elle a du cran, elle devrait lui faire du bien.

— Pardon ? demanda Sumitha sans comprendre où il voulait en venir.

— Victoria Morrant... une jolie petite fille, les cheveux châtains, très dynamique. Elle a l'air de bien aimer ton frère, ajouta-t-il avec un clin d'œil.

Sumitha en eut les jambes coupées.

— Sandeep a une petite amie, soupira-t-elle sur

le chemin du retour. Comme c'est drôle ! Quelle horreur ! Est-ce que ça veut dire que je vieillis ?

Pour Julie, tout allait de mal en pis. Elle avait essayé de renouer avec Laura.

— Tout va bien ? lui avait-elle demandé un matin où elle lui trouvait l'air particulièrement triste.

— Oui, pourquoi ça n'irait pas ?

— Oh, tu sais, je me demandais juste si ton père allait bien depuis l'autre soir.

— Il va parfaitement bien ! Alors, mêle-toi de tes oignons, tu veux bien ?

— Comme tu voudras, répliqua Julie, qui regrettait son élan d'amitié.

Pour ne rien arranger, ses notes avaient encore chuté, Mlle McConnell la harcelait quotidiennement, Emma et Rob étaient inséparables et Sumitha passait l'heure du repas au labo ou à la bibliothèque pour bosser. La nouvelle selon laquelle Emma allait jouer au théâtre de la ville s'était répandue comme une traînée de poudre et tout le monde s'extasiait en disant qu'elle finirait sans doute à la télé. Comment Emma faisait-elle pour avoir autant de chance ? se demandait Julie. Elle me pique mon copain, elle a une nouvelle coiffure sublime, et voilà qu'elle va monopoliser la vedette pendant des semaines. Comment puis-je avoir une vie aussi nulle ?

Quand elle se fit surprendre avec Bex à sécher les cours, ce fut le coup de grâce. L'horrible Horage se rendait chez le dentiste lorsqu'il les vit entrer dans la salle de jeux vidéo. Il les ramena de force au lycée et les conduisit chez M. Todd, le proviseur, qui leur passa un sacré savon. Bex avait l'air de s'en moquer complètement, mais Julie eut très peur. Surtout lorsque M. Todd annonça qu'il allait prévenir leurs parents.

— Ils vont me tuer, gémit-elle quand elles sortirent de son bureau gratifiées de plusieurs heures de colle. Que va dire ta mère ?

— Rien. Elle s'en fiche, répondit Bex en haussant les épaules.

« Tu as de la chance, pensa Julie. Je crois que j'ai intérêt à me faire oublier un moment. »

De son côté, Laura repoussait toujours la confrontation avec sa mère. Elle passait ses soirées ches Daniel à travailler sur les affiches et les bannières pour la manif de Fettlesham.

Puis, un soir où sa mère et Melvyn étaient partis à un cours d'accouchement sans douleur, elle reçut un coup de téléphone de son père.

— Bonjour, ma chérie, commença-t-il gaiement. Comment vas-tu ?

— Bien, merci. Je prépare des affiches pour la manif, laissa-t-elle échapper malgré elle.

— C'est parfait, répondit-il, sans y prêter attention. Tu as parlé à ta mère ?

— Euh, non, pas encore.

— Laura, mon cœur, tout dépend de toi, dit-il d'un ton suppliant. Tu comprends, nous n'aurions jamais dû nous séparer, ta mère et moi. Il faut qu'elle sache que je tiens encore énormément à elle, ajouta-t-il d'une voix brisée.

— Pourquoi ne pas lui dire toi-même, papa ?

demanda Laura, horrifiée de constater qu'il avait encore bu.

— Ce n'est pas si simple. Elle se fait des tas de fausses idées à mon sujet, elle ne m'écoutera pas. Mais, si c'est toi qui lui parles, elle reviendra à la raison. Tu aimerais que je revienne vivre avec toi, non ? Tu aimes ton vieux papa, n'est-ce pas ?

— Bien sûr que je t'aime, se récria Laura. Et j'adorerais t'avoir à la maison. Mais tu sais, papa, faut que je te quitte. J'ai une tonne de devoirs à faire.

Pendant un long moment, elle resta immobile, à penser à son père, à sa mère et à ce qui s'était passé. Son père était vraiment bizarre ; elle ne le reconnaissait plus. Il fallait absolument qu'elle parle à sa mère. Bientôt.

29
RÉVÉLATIONS

— Lis ça, dit Ginny en fourrant une lettre sous le nez de son mari.

— Pas maintenant, chérie, soupira Barry. Je dois absolument réussir ce roulé aux noisettes ! La finale est jeudi et je n'arrive pas à trouver la bonne texture.

— Je m'en fiche complètement ! hurla Ginny. Lis ça !

LYCÉE EDGAR POE
Bureau du proviseur

Chers M. et Mme Gee,

J'ai le regret de vous informer que la conduite de Julie est de plus en plus préoccupante. La semaine dernière, elle se trouvait dans le centre-ville pendant les heures de cours, en compagnie d'une autre élève. En outre, ses professeurs m'ont informé que son travail s'était sérieusement dégradé au cours du trimestre et que son attitude générale était fort inquiétante. Julie restera en retenue pendant trois soirs cette semaine. J'espère que cela suffira à la convaincre de changer de comportement.

Dans le cas contraire, nous envisagerons des sanctions plus sérieuses.

Je vous prie de recevoir, Madame, Monsieur, l'expression de mes meilleurs sentiments.

Michael Todd, proviseur

— Ça alors ! tonna Barry. À quoi joue-t-elle ?

— Je crois qu'elle est malheureuse.

— Ah oui ? Eh bien, elle aura d'excellentes raisons de l'être une fois que je lui aurai parlé.

— Nous allons à Fettlesham, Daniel et moi, le week-end prochain, annonça Laura à sa mère au petit déjeuner.

Melvyn venait de partir et elle se dit qu'elle devait en profiter.

— Daniel et toi, répéta machinalement Emily. Qu'y a-t-il de beau là-bas ?

— Les laboratoires CurePlan. Ils testent des médicaments sur les animaux...

— Dans ce cas, je t'interdis d'y aller !

— Ah, j'en étais sûre ! Tu dis non tout de suite, sans même chercher à savoir de quoi il est question.

— Il s'agit encore d'une manifestation et je ne veux pas que tu sois mêlée à ce genre de choses.

— T'en as rien à faire de mes explications, hein ?

— Non, Laura, désolée. Je ne veux même pas en parler.

— C'est comme ça que tu as fait avec papa, tu ne l'as jamais écouté ! répliqua Laura au bord des larmes. Oh, ne fais pas l'étonnée ! Il m'a tout raconté. Tu l'as jeté dehors juste parce qu'il voyait Betsy, et tu n'as jamais voulu entendre son point de vue et...

— Attends, attends. Tirons ça au clair, s'il te plaît. Que t'a dit ton père, exactement ?

— La vérité ! Tu lui as dit de partir à cause de Betsy ! Tu ne lui as même pas laissé de seconde chance. Tu as brisé notre famille sans te poser de questions. Et maintenant, il est tellement malheureux qu'il boit. Il voudrait revenir et je lui ai promis de t'en parler.

Emily s'assit et prit une profonde inspiration. Ginny avait donc raison. Laura se faisait du souci pour son père. Pire encore, Peter cherchait à l'utiliser.

— Ma petite chérie, je crois...

— Tu ne m'auras pas avec tes « petite chérie » !

— Je crois qu'il est temps que nous ayons une conversation, continua-t-elle en prenant les mains de Laura qui se dégagea aussitôt. Tu as raison. J'ai demandé à ton père de partir. Il fréquentait Betsy, il était absent tous les week-ends, et...

— Mais tu aurais pu lui laisser une chance !

Emily regarda sa fille et sourit d'un air las.

— Oh, crois-moi, ma chérie, je l'ai fait. Je lui ai accordé plusieurs secondes chances. Tu comprends, ce n'était pas la première fois.

— Tu veux dire, reprit Laura, incrédule, tu veux dire que papa avait... euh, avait...

— Ton père avait déjà eu plusieurs petites amies avant Betsy. Deirdre, Judy, Belinda, Penny... je ne sais plus qui encore. Il promettait à chaque fois de ne plus recommencer, il disait qu'il m'aimait et ensuite... eh bien, ensuite il en rencontrait une autre et ça repartait.

— Mais quand il t'a demandé de divorcer, pourquoi n'as-tu pas refusé ? demanda Laura en se tordant les mains. Il aurait été obligé de laisser tomber Betsy et de rester avec nous.

— Ton père n'a pas demandé le divorce. C'est moi qui lui ai posé un ultimatum.

— Quoi ? Donc c'est bien ta faute si vous vous êtes séparés ?

— C'est une façon de voir les choses, soupira Emily. Je lui ai seulement demandé de choisir entre Betsy et moi. Je croyais qu'il resterait. Je me suis trompée.

— Pourquoi ne m'as-tu jamais dit tout ça, avant ?

— Je me suis promis de ne jamais te dire de mal de ton père. Tu n'as rien à voir dans cette histoire. Ton père t'a toujours adorée et...

— Pas assez pour rester avec nous !

— Il voulait tout avoir en même temps. C'est un défaut très masculin. Je me disais que ça devait être ma faute, d'une façon ou d'une autre, que si j'avais été le genre d'épouse que ton père souhaitait, il n'aurait jamais été voir ailleurs. Peut-être que si...

— Mais maman, tu vaux dix fois mieux que l'abominable Betsy ! Tu es gentille et généreuse, alors qu'elle est égoïste et...

— C'est gentil de ta part de voler à mon secours mais, crois-moi, je ne suis pas une sainte non plus. En tout cas, Betsy a rendu ton père heureux, ce que je n'ai pas réussi à faire.

— Justement, c'est ça le problème ! Il m'a dit qu'il était malheureux, qu'il aimerait revenir avec toi et que l'idée que tu attendes un enfant de Melvyn le rendait fou. Il s'est même mis à boire à cause de ça, ajouta-t-elle, déchirée entre sa loyauté pour son père et le besoin de dévoiler la vérité à sa mère.

— Et tu as gardé tout ça pour toi ! dit Emily en prenant la main de Laura qui, cette fois, ne la retira pas. Tu sais, on ne réagit pas toujours comme il faudrait. Mais ton père doit regarder la réalité en face. J'aime Melvyn et je désire ce bébé. J'aurai toujours beaucoup d'affection pour ton père mais nous ne pourrons jamais plus vivre ensemble. Je sais que c'est dur à admettre pour toi, ma chérie, mais c'est comme ça.

— Ça n'a pas dû être facile pour toi non plus, maman.

— Non, ma chérie, ça n'a pas été facile. Vraiment pas.

Laura avait besoin de réfléchir sérieusement. Elle avait appris sur son père des choses qu'elle ignorait totalement. Elle avait découvert non seulement qu'il était faible, mais aussi que sa mère était devenue très forte.

— Julie, ton père et moi voulons te parler, annonça Ginny, quand Julie rentra ce soir-là. Tu es en retard, ajouta-t-elle en scrutant le visage de sa fille.

— J'ai rencontré une copine et nous avons un peu bavardé, marmonna Julie.

— Tu mens, intervint son père.

— Tu étais collée, continua Ginny en lui tendant la lettre de M. Todd.

Julie sentit son estomac se retourner. « Ça y est. C'est parti pour le sermon. »

— Franchement, comment peux-tu être aussi irresponsable ? commença Barry.

— Qu'est-ce qui t'a pris ? demanda Ginny. Tu n'avais jamais fait ça. Pourquoi as-tu séché les cours ?

Julie haussa les épaules et examina ses ongles.

— Réponds-moi quand je te parle !

— On voulait juste s'amuser. Pas de quoi faire un drame.

— Je ne suis pas de cet avis, dit Barry. Qu'est-ce qui te prend ? Nous n'avons jamais eu ce genre de problème avec Geneva.

— Oh, génial, c'est ça, jette-moi Geneva à la figure ! cria Julie en retenant ses larmes. On sait tous que Geneva est ta petite chérie, qui ne peut rien faire de mal. Geneva le petit génie, qui a eu la mention bien à son bac, Geneva la surdouée qui travaille en Afrique, alors que moi ? eh bien, moi, je ne suis que la pauvre Julie, toujours dans vos pattes. Celle dont vous n'arrivez pas à vous débarrasser ! Je vous déteste ! Je vous déteste de toutes mes forces !

— Ma chérie ! protesta sa mère. C'est ridicule, ce que tu dis !

— Julie, ne sois pas idiote ! renchérit son père.

— Et pourquoi ? Vous me trouvez déjà égoïste et irresponsable ! Je peux aussi être idiote, pendant qu'on y est.

Ginny la prit par l'épaule.

— Écoute, nous n'avons jamais dit ça. Tout ce que je veux, c'est que tu réfléchisses aux conséquences de tes actes. Tu es brillante, et les examens approchent.

— Rien à faire de tout ça, marmonna Julie, qui n'en pensait pas un mot.

— Même si tu ne te soucies pas de ton avenir, et tu as tort, il faut que tu te rendes compte que je suis connue dans cette ville. Si on voit ma fille en mauvaise compagnie...

— Ah, bravo ! C'est même pas pour moi que tu t'inquiètes, hein ? C'est juste pour ta réputation. Tu veux passer pour la mère idéale et compréhensive ? Eh bien, c'est raté ! Tu es complètement à côté de la plaque.

— Ça suffit, Julie, tonna Barry, je t'interdis de parler sur ce ton à ta mère ! Et tu es privée de sortie pendant quinze jours.

— C'est pas juste !

— La vie n'est pas juste, répliqua son père.

— Écoute, Julie, tu ne veux pas t'asseoir pour qu'on parle calmement toutes les deux ? tenta sa mère.

— Non ! Garde ton baratin condescendant pour ton émission de radio. Laisse-moi tranquille !

Julie courut s'enfermer dans sa chambre en claquant la porte derrière elle.

— Et voilà, mon roulé est fichu, soupira Barry d'un air abattu.

— C'est vraiment le cadet de mes soucis, répliqua Ginny.

— Emma, s'il te plaît, ne te brosse pas les cheveux dans la cuisine, soupira Mme Farrant. Ce n'est pas propre.

— Je voudrais voir si je peux les natter. Je dois bientôt passer une audition.

— C'est bien, petite fleur. Sam, viens te laver les mains, s'il te plaît, nous allons passer à table. Daniel, sors de la poubelle !

— Elle a lieu samedi prochain. Il faudrait que tu me déposes là-bas pour onze heures et demie et que tu repasses me chercher.

— Où ça, à onze heures et demie ? demanda sa mère en servant le gratin de chou-fleur.

— Maman ! Tu n'écoutes pas ce que je dis ! Je dois passer une audition pour le rôle d'Estella. Au Royal.

— Oh non, petite fleur, je ne suis pas d'accord. Pas pendant l'année scolaire...

— Comment ça, tu n'es pas d'accord ! hurla Emma. Tu n'as pas compris ? J'ai été sélectionnée pour passer cette audition. Parce que Mlle Olive trouve que je suis bonne. Excellente, même. C'est une chance unique et tu oses dire que tu n'es pas d'accord ! T'es super, comme mère !

Claire ferma les yeux un instant et soupira en priant le ciel pour ne pas craquer.

— Nous en parlerons avec ton père ce soir, décida-t-elle.

— Parlez-en tant que vous voulez ! Mais vous ne m'empêcherez pas de devenir une star !

30

JULIE SE REBELLE

— Alors, tu viens à *La Décharge* samedi ? demanda Bex en plongeant la main dans un paquet de chips. C'est trop cool, là-bas. Mille fois mieux que le *Zig-Zag*. En plus, c'est la soirée Saint-Valentin.

— Je suis punie, annonça tristement Julie.

— Comment ça, punie ?

— Je n'ai pas le droit de sortir. Mes parents ont pété les plombs quand ils ont reçu la lettre du proviseur.

Bex fit la grimace.

— Mais ils ne peuvent pas te retenir de force ! À moins de t'enchaîner au pied du lit !

Julie réfléchit. Bex avait raison. Ils ne pouvaient pas lui imposer quoi que ce soit. Elle avait quinze ans et elle avait le droit de vivre ! Et comme son père partirait sûrement en tournée avec sa camionnette, ça ferait déjà un obstacle en moins.

— D'accord, ça marche, dit-elle en souriant à Bex. Pourquoi m'empêcheraient-ils de m'éclater ?

31

SOUCIS D'ARGENT

— Dépêchez-vous ! Sumitha, Sandeep ! C'est l'heure ! cria Chitrita du bas de l'escalier.

Pour la énième fois elle se demanda pourquoi envoyer deux enfants à l'école était mille fois plus épuisant qu'enseigner la grammaire à vingt adultes.

— Je pourrais avoir de l'argent pour le déjeuner ? demanda Sumitha. Et il m'en faut aussi pour l'excursion avec le prof de biologie.

Chitrita ouvrit son porte-monnaie et fronça les sourcils. Elle était sûre d'y avoir mis cinq pièces d'un euro la veille et il n'en restait que deux. Elle fouilla son sac, en vain. « J'ai dû les dépenser, mais je n'en ai pas le moindre souvenir. »

— Débrouille-toi avec ça à midi, je te donnerai le reste ce soir, dit-elle à Sumitha. Allez, filez !

Elle embrassa Sandeep sur le front et les poussa vers la porte.

« Pour une fois, Sandeep a l'air content, constata Sumitha. Ça doit être parce qu'il est amoureux. »

— Alors, elle est comment, Victoria ? le taquina-t-elle tandis qu'ils tournaient le coin de la rue.

Sandeep la regarda d'un air de chien battu.

— Allez, je sais tout. Elle te plaît ?

— Elle est sympa, marmonna-t-il.

Il se demandait comment sa sœur pouvait être au courant.

— Seulement sympa ! Et moi qui croyais que c'était l'amour de ta vie !

— Fiche-moi la paix !

Sandeep serra les trois pièces au fond de sa poche, en espérant que cette journée serait meilleure que les autres.

De son côté, Barry se préparait à partir pour Londres, confiant dans son roulé cappuccino-noisettes désormais parfaitement au point.

— C'est ma botte secrète, dit-il à Ginny. J'espère seulement qu'il ne va pas fondre sous les projecteurs du studio.

— Je suis sûre que tout ira très bien, le rassura Ginny. Je te souhaite bonne chance. On croisera les doigts, hein, Julie ?

— Ouais, grommela celle-ci, Dis, papa, tenta-t-elle une dernière fois, je ne suis pas vraiment punie pour deux semaines, hein ?

— Si.

— Fais gaffe à ton roulé, il risque de t'étouffer !

Plongée dans son livre, Victoria Morrant attendait sa meilleure amie, Alexa Browning. Victoria avait toujours le nez fourré dans un bouquin et, quand elle ne lisait pas, elle écrivait des cartes rigolotes à ses copains. Les deux filles étaient amies depuis la maternelle ; leurs mères disaient qu'elles se faisaient du bien l'une à l'autre. Victoria trouvait cette idée étrange... « les carottes te font du bien, te coucher tôt te fait du bien, Alexa te fait du bien ».

La fréquentation d'Alexa était censée calmer son tempérament fantasque et entreprenant tandis qu'elle aidait soi-disant Alexa à « s'extérioriser ». Les parents disent des choses stupides, parfois. Tout le monde savait qu'Alexa pouvait s'extérioriser quand ça lui chantait. C'était une actrice-née. Elle était capable de pleurer de vraies larmes pour échapper au cours d'éducation physique et savait pâlir et s'évanouir à volonté si le jeu en valait la chandelle. Victoria admirait le talent de son amie. Elle, c'était la grande championne des faibles et des opprimés. Voilà sans doute pourquoi elle aimait bien Sandeep Banerji. Il était brillant en anglais, excellent en français et très drôle. Ou, du moins, il l'avait été.

Ces derniers temps, il était devenu silencieux, morose même, et n'adressait plus la parole à personne. Et la semaine dernière, elle l'avait trouvé en larmes dans les vestiaires.

— Qu'est-ce qui ne va pas ?

— Rien, avait-il grogné.

— Arrête ton char. C'est pas normal que tu pleures dans les vestiaires à onze heures du matin. Tu es malade ?

Sandeep avait secoué la tête.

— Alors quoi ? avait-elle insisté.

— Je ne peux pas le dire.

— OK. Tiens, voilà un mouchoir.

Il avait pris le mouchoir, s'était essuyé la figure et dirigé vers sa salle de classe. Puis il s'était arrêté et retourné.

— Victoria ? Tu ne... ?

— Non, avait-elle répondu, devinant ce qu'il voulait dire. Non, je n'en parlerai à personne.

Au même moment, comme surgi de ses pensées, Sandeep traversa la rue.

— Salut, Sandeep ! lui lança-t-elle gaiement. Ça va ?

— Salut, Victoria. Oui, ça va, aujourd'hui, merci.

« Super », pensa Victoria, ravie de voir que ses problèmes semblaient résolus.

Sandeep aimait bien Victoria. Il aurait voulu être comme elle. Elle racontait des blagues tout le temps, elle était drôle, elle se montrait gentille avec tout le monde. À l'opposé de Kevin et Matthew qui n'arrêtaient pas de le traiter de nabot et de bouffon. Il détestait se battre et ne trouvait jamais la bonne réplique au bon moment. Non seulement les deux garçons le harcelaient, mais ils se moquaient de lui parce qu'il détestait le sport. Mais, aujourd'hui, ils lui ficheraient la paix.

Kevin l'attendait près de son casier. Il dépassait Sandeep de dix bons centimètres et il le toisa d'un air menaçant.

— Alors, le Paki, t'as le fric ?

— Oui, répondit Sandeep, la gorge sèche.

Il sortit de sa poche une pièce d'un euro.

Kevin le regarda avec un rictus méprisant.

— Il me semble qu'on avait dit deux euros. Un pour moi et un pour mon ami Matthew ici présent.

À contrecœur, Sandeep tendit une autre pièce.

— Bien, dit Kevin. Il nous faudra la même chose la semaine prochaine.

— J'peux pas, dit Sandeep. J'ai plus d'argent.

Il n'oserait jamais recommencer ce qu'il avait fait ce matin.

— Sans blague ? dit Matthew, en lui pinçant l'épaule. Eh bien, je te conseille d'en trouver. Sinon, Kevin et moi, on prendra des mesures radicales. N'est-ce pas, Kevin ?

Kevin hocha la tête en lui coulant un regard sournois.

— Et surtout, pas un mot. Sinon, on t'achève. OK ?

— OK, murmura Sandeep, qui fondit en larmes dès qu'ils se furent éloignés.

32

ANONA S'EN MÊLE

— Penchez la tête en arrière, madame Turner, je vais vous rincer, gazouilla la nouvelle apprentie de *Mèche à mèche*. Vous avez des projets pour les vacances d'été ?

« Pourquoi les coiffeurs veulent-ils toujours savoir ce qu'on fait de nos loisirs ? » pensa Emily. Elle était folle furieuse contre son ex-mari et ne se sentait pas d'humeur à bavarder. Il n'avait pas le droit d'impliquer Laura dans leurs histoires de divorce, et encore moins de demander à une fille de quinze ans de servir de médiateur entre ses parents. Mais que faire ? Si elle appelait Peter pour lui dire le fond de sa pensée, il en voudrait sans doute à Laura. Si elle laissait tomber, il harcèlerait sa fille tant qu'il n'aurait pas de réponse. Elle ne voulait pas en parler à Melvyn : il foncerait aussitôt chez Peter faire un esclandre, ce qui n'arrangerait rien. Et puis, il y avait cette manifestation pour la défense des animaux. Sa fille hurlant des slogans en brandissant des panneaux... voilà qui ne plaisait guère à Emily, que la cause soit bonne ou pas.

— Vous vous faites belle pour l'accouchement, Emily ?

— Bonjour, Anona ! Oui, je préfère les couper et me faire faire une permanente maintenant, car je n'aurai guère le temps de m'occuper de moi dans les mois qui viennent !

— Moi, j'ai décidé de me teindre en auburn, annonça Anona en se laissant tomber sur le siège à côté. J'ai envie de changer. Au fait, Laura a l'air en pleine forme, je l'ai croisée à la manif devant le labo de Leehampton. C'est une gentille fille, vous devez être très fière d'elle.

Emily hocha la tête.

— Oui... mais cette histoire de défense des animaux ne me plaît pas beaucoup. Que faisiez-vous là-bas ?

Elle regretta aussitôt sa question. Anona se lança dans un réquisitoire contre les expérimentations sur les animaux qui dura dix minutes.

— Évidemment, on ne peut pas tous avoir les mêmes idées, hasarda-t-elle quand elle put enfin placer un mot. Mais j'ai interdit à Laura d'aller à d'autres manifs, en particulier à celle de Fettlesham.

— Vous avez tort. Vous devriez être heureuse que votre fille se batte pour défendre ses principes !

« Elle a raison », pensa Emily.

— En tout cas, moi, j'y vais. Je veillerai sur elle, si cela peut vous rassurer.

Emily hésita.

— Vous ne pouvez pas la garder dans du coton toute sa vie ! Vous ne voudriez pas être comme Claire Farrant, non ?

« Certainement pas », songea Emily.

— Bon, si vous faites vraiment attention à elle... finit-elle par répondre, vaincue.

— Bien sûr, promit Anona.

33

LA MÈRE D'EMMA S'AFFOLE

Tout en expliquant les rudiments de l'anglais commercial aux femmes de son cours, Mme Banerji pensait à tout autre chose. Elle était convaincue que c'était Sandeep qui avait pris l'argent dans son porte-monnaie. Mais pourquoi ? Il ne manquait pas d'argent de poche et, s'il avait besoin de quelque chose, il pouvait le demander. Elle en parlerait à Sumitha. Il devait y avoir une explication.

En quittant la salle, à la fin du cours, toujours préoccupée, Chitrita se cogna à Claire Farrant, qui sortait de la crèche, plusieurs boîtes de Lego dans les bras.

— Oh, Chitrita, bonjour. Je voulais justement vous voir pour vous parler de Mlle Olive et du conservatoire. Je m'inquiète beaucoup pour ma petite Emma.

— Que puis-je faire pour vous ? dit Chitrita.

Elle espérait que Claire ne la retiendrait pas trop longtemps.

— Eh bien, dit Claire, Emma doit passer une audition pour *Les Grandes Espérances* et ça me chiffonne. Il y a le travail scolaire et, avec les répétitions et les représentations...

— Attendez... c'est juste une audition ?

— Oui, mais Mlle Olive pense qu'elle aura le rôle. Et comme j'ai appris que Sumitha avait tout abandonné, je me suis demandé...

— Écoutez, Claire. Si Sumitha a arrêté, c'est simplement parce que la danse et le chant ne l'intéressent plus. Mlle Olive est un professeur de théâtre formidable, mais c'est une exaltée. Elle est convaincue que ses élèves sont des génies ! Elle les couvre de louanges et, en général, elle tire le meilleur d'eux. Vous savez, des dizaines de filles de tous les autres conservatoires d'art dramatique vont se disputer le rôle ! Les chances d'Emma de l'obtenir, alors qu'elle débute à peine, sont plus que réduites.

— C'est ce que dit Andrew, soupira Claire. Mais Emma a l'air si sûre d'elle, et elle grandit si vite !

— Elle aura bientôt quinze ans. C'est normal.

— Alors vous pensez que je devrais la laisser passer cette audition ? demanda Claire.

— Pourquoi pas ? Si elle obtient le rôle, il sera toujours temps de prendre une décision. Et surtout, que ça ne vous empêche pas de dormir pour le moment !

34

LA GRANDE CHANCE DE GINNY

Le jeudi après-midi, Ginny rentrait chez elle en chancelant sous le poids des courses lorsque le téléphone sonna.

— Ginny Gee à l'apparcil.

— Ici Robin Stapleton, de TV Est. Ginny, nous avons besoin de votre aide.

— Je vous écoute ! répondit-elle, s'attendant à ce qu'il lui demande d'écrire un article élogieux sur l'un des films historiques de leur programmation.

Dix minutes plus tard, elle reposa le téléphone en tremblant d'excitation. Si elle décrochait ce contrat, sa réussite était assurée !

— Youpi ! hurla-t-elle en se mettant à danser au milieu de la cuisine. Youpi ! Youpi ! Youpi !

— Maman ? Qu'est-ce qui t'arrive ? lui demanda Julie qui venait d'entrer par la porte du jardin.

— Devine quoi ? dit-elle en prenant sa fille dans ses bras. Tu connais Tessa Tavera, de « Tu sais Tessa » sur TV Est ? Eh bien, elle s'est cassé la jambe pendant un reportage et ils me demandent de présenter son talk-show de samedi prochain.

Et, si ça se passe bien, ils me confieront peut-être l'émission jusqu'à la fin de la saison.

— Toi ! Sur une chaîne de télé nationale ! Samedi prochain !

— Oui, c'est merveilleux, non ?

« Ça tombe à pic, pensa Julie. Je pourrai aller à *La Décharge*, et tu n'en sauras rien. »

35

VICTORIA À LA RESCOUSSE !

Sumitha prenait tout son temps pour ranger le matériel de science. M. Sharpe, à côté d'elle, glissait avec soin des échantillons de terre dans des sachets en plastique.

— Voilà, c'est terminé, annonça-t-il en collant la dernière étiquette.

— Parlez-moi encore de l'école de Phorabadur, monsieur, dit Sumitha, prête à tout pour prolonger leur tête-à-tête.

— Eh bien, je ne... commença Paul en regardant sa montre.

À ce moment, Victoria Morrant entra en trombe dans la classe.

— Sumitha ! Sumitha ! Viens vite ! cria-t-elle.

— Tu ne vois pas que je suis occupée ? répondit sèchement Sumitha.

— Que se passe-t-il, Victoria ? demanda le professeur.

— C'est Sandeep, monsieur. Il pleure dans les vestiaires, et...

— Oh, il a toujours quelque chose, celui-là ! cria Sumitha, furieuse.

— Écoute, c'est ton frère, après tout !

— Comme si je pouvais l'oublier ! Il est temps qu'il grandisse un peu, soupira-t-elle.

— Voyons, rétorqua M. Sharpe. Va voir ce qui se passe.

— Mais monsieur, je n'ai pas fini ! protesta-t-elle, vexée.

— Ton frère est blessé et tu ne vas pas l'aider ! hurla Victoria. Tu me dégoûtes !

— Il est blessé ? J'y vais tout de suite ! s'écria M. Sharpe qui partit en courant.

Mais quand ils arrivèrent au vestiaire des sixièmes, ils ne virent trace ni de Sandeep ni de ses affaires.

— Vous voyez, déclara Sumitha avec satisfaction. Il est rentré à la maison. Ça ne devait pas être bien grave.

— Eh bien, essaie de le rattraper, tu veux bien ? Juste par prudence. Et, Sumitha...

Le professeur marqua une pause.

— Oui, monsieur ? murmura-t-elle, le souffle court.

— Sois un peu plus gentille avec lui, dit-il avant de se diriger vers la salle des professeurs.

— Je viens avec toi, annonça Victoria.

Elle attrapa son sac à dos et enroula son écharpe autour de son cou.

— Je ne sais pas ce qui te met dans cet état, lança Sumitha, piquée au vif par le reproche voilé de son cher professeur. À moins que tu ne sois amoureuse de mon frère ?

— Je ne suis pas amoureuse de lui, rétorqua Victoria en la fusillant du regard. Je l'aime bien. C'est mon ami. Et je crois qu'il a de gros ennuis. Mais toi, tu t'en fiches. Tout ce qui t'intéresse c'est d'attirer l'attention du prof, hein ?

Sandeep se tâta le nez en reniflant. Il ne saignait plus, mais il avait affreusement mal. Il n'avait qu'une envie, rentrer chez lui, raconter ses malheurs à sa mère et se faire consoler. Mais c'était impossible. Kevin lui réglerait son compte si jamais il parlait. Ils l'avaient frappé parce qu'il n'avait pas d'argent à leur donner. Au début, ils lui demandaient un euro chacun par semaine ; puis deux fois par semaine et, maintenant, c'était tous les jours. Comme il aurait voulu être plus grand pour pouvoir se défendre !

Il arrivait juste au coin de la route de Wellington quand Kevin et Matthew surgirent de l'abribus.

— N'oublie pas le fric, minable ! lança Matthew.

— Et n'en parle à personne ! ajouta Kevin en le poussant dans la haie.

— Sinon... reprit Matthew, en lui décochant un coup au menton pour faire bonne mesure.

— Arrêtez ! hurla Sandeep.

Et, se défendant pour la première fois, il profita de leur surprise pour se dégager et détaler à toutes jambes.

Il avait crié si fort que Sumitha et Victoria, qui marchaient loin derrière lui, l'avaient entendu.

— Regarde, là-bas, dit Victoria. Je le savais ! Kevin Bott et Matthew Barnes ! Ils lui ont tapé dessus. Viens vite !

— C'est toi, Sandeep ? appela sa mère en entendant la porte de derrière s'ouvrir. Mon Dieu, mon chéri ? que t'est-il arrivé ?

Elle le prit par le menton et examina, inquiète, son nez ensanglanté.

— Rien, marmonna Sandeep. Je suis tombé dans la cour du lycée.

— Et l'infirmière ne t'a pas même pas désinfecté ? s'exclama Chitrita, outrée. Franchement, ça ne va pas. J'irai lui parler demain.

— Non, maman, n'y va pas, s'il te plaît, bafouilla Sandeep. C'est ma faute ! Je ne suis pas allé la voir, je suis rentré directement à la maison.

— D'accord. Mais la prochaine fois, fais-toi examiner. Viens, je vais te soigner.

Elle le poussa doucement vers l'escalier.

— Sandeep, dit-elle quelques instants plus tard en lui tapotant le nez avec un coton imbibé de désinfectant, je voudrais te parler sérieusement.

Sandeep avala sa salive.

— Ton père et moi avons, semble-t-il, égaré des pièces d'un euro. Tu n'aurais pas une idée de ce qu'elles sont devenues ?

Sandeep secoua la tête.

— Et j'en ai trouvé trois dans ta chambre... Alors, qu'as-tu à me dire ?

— J'sais pas.

— Sandeep, je veux une réponse honnête. As-tu pris de l'argent dans mon porte-monnaie ? En as-tu pris dans la poche de ton père ?

— Maman ! Maman ! appela Sumitha, avec insistance, du bas de l'escalier.

— Tu ne perds rien pour attendre, Sandeep, dit sévèrement Chitrita.

Sumitha était dans le couloir avec une fille qui paraissait bouleversée.

— Maman, voici Victoria. Raconte à ma mère, Victoria.

— Madame Banerji, je crois, enfin, je suis sûre, même si je n'ai pas vraiment de preuves...

— Vas-y, Victoria, la pressa Sumitha.

— Je crois qu'il y a deux garçons qui rackettent Sandeep. Je ne les ai pas vus faire mais j'en suis sûre. Il est tellement renfermé et malheureux en ce moment...

Elle s'arrêta brutalement en se souvenant qu'elle avait promis le secret à Sandeep.

« C'est donc ça », pensa Chitrita. Mais pourquoi ne lui avait-il rien dit.

— Viens t'asseoir, Victoria, dit-elle. Et merci de m'avoir prévenue. Sumitha, tu étais au courant ?

— Il se plaignait tout le temps, bougonna Sumitha, en prenant un air penaud. Je ne suis pas sa baby-sitter !

— Non, tu es sa sœur ! rétorqua Victoria. C'était évident qu'il avait des ennuis, mais il n'y a que M. Sharpe qui t'intéresse !

Sumitha l'arrêta d'un regard assassin.

— C'est vrai, quoi ! marmonna Victoria.

Sandeep apparut à la porte du salon et se figea en voyant Victoria.

— Victoria nous a tout raconté, dit doucement sa mère.

— Mais, Victoria, tu m'avais promis... gémit Sandeep.

— Tu as beaucoup de chance d'avoir une amie comme elle, dit sa mère en lui passant un bras autour des épaules. Et nous allons régler cette affaire.

— Surtout ne dis rien à Kevin et Matthew ! supplia aussitôt Sandeep. Ils ont promis de me casser la figure si jamais...

— Ne t'inquiète pas. Tout va bien se passer.

36

PÈRES AU BORD DE LA CRISE DE NERFS

— Je suis rentré ! appela Barry depuis la porte d'entrée.

Ginny se précipita au rez-de-chaussée, vêtue d'un kimono rouge, le visage couvert de pâte verte.

— Tu ne devineras jamais, Barry ! s'écria-t-elle.

— Quoi ?

— On m'a proposé de présenter l'émission « Tu sais Tessa » samedi prochain, et on va peut-être me confier toute la série. N'est-ce pas sensationnel ?

— Magnifique, dit Barry.

— Oh, pardon, chéri, j'avais oublié. Comment ça s'est passé ? Tu as gagné ?

— Je ne dois rien dire avant le jour de la diffusion... enfin... Quelle importance ? J'ai perdu.

Ginny sentit son cœur se serrer.

— Oh, chéri, je suis désolée.

— Je n'étais visiblement pas à la hauteur. En fait, je ne suis pas bon à grand-chose. Heureusement que tu es là pour relever le flambeau. Bon, je vais prendre un bain.

La mine lugubre, il monta d'un pas lourd à

l'étage, laissant Ginny déçue et bourrelée de remords.

— En fait, Sandeep se faisait racketter, expliqua Chitrita, au bord des larmes, à son mari quand il rentra le soir.

— Le pauvre petit, il a dû vivre de sales moments ! Mais pourquoi n'en a-t-il parlé à personne ? Ni à nous, ni à Sumitha ?

Sumitha apparut à la porte, l'air honteux.

— Je pense qu'il a essayé. C'est ma faute, papa. Il voulait toujours m'accompagner et moi je me moquais de lui, sans me demander une seule fois pourquoi il insistait comme ça. Je m'en veux tellement, maintenant...

— Je crois que j'ai une idée sur la façon de résoudre ce problème, dit Rajiv, pensif.

37

LES PLANS LES PLUS AU POINT...

Le samedi matin, ce fut un branle-bas de combat dans plusieurs maisons de Leehampton.

Melvyn, échevelé, cherchait partout ses CD-ROM.

— Désolé, chérie, annonça-t-il à Emily, mais je dois aller au bureau. Le système informatique a planté et le vieux Stockton est vert de rage.

Emily soupira.

— Alors tu ne peux pas venir avec moi faire les courses ? soupira-t-elle d'un ton las.

— Non, mais Laura t'accompagnera. N'est-ce pas, Laura ?

— Non, répondit celle-ci, en levant la tête du programme télé. Je ne peux pas, je...

Elle s'interrompit, n'osant pas dire qu'elle avait l'intention d'aller à la manifestation.

— Mais ta mère est enceinte de sept mois et demi ! Tu peux l'aider, non ? Faut que je file. À tout à l'heure.

— Alors, allons-y tout de suite, grommela Laura en jetant le magazine sur la table.

— Non, ça va, je me débrouillerai, répliqua sèchement sa mère. Va à ta manif avec Daniel. Et si je te laisse y aller, ajouta-t-elle vivement, c'est uniquement parce que la mère de John m'a promis de veiller sur toi.

Laura était trop contente pour faire remarquer qu'elle n'avait pas besoin de chaperon.

— Inutile de le dire à Melvyn, ajouta sa mère.

— Je ne dirai rien, promit Laura en la serrant dans ses bras.

— Fais attention à toi !

— Tu viens chercher mamie à l'aéroport, Emma chérie ? demanda sa mère en passant la tête à la porte de sa chambre. Son vol arrive à treize heures.

— Tu sais bien que je ne peux pas ! cria Emma en brandissant un tube de mascara. Je passe l'audition aujourd'hui ! Je te l'ai dit !

Claire soupira. Elle avait oublié.

— Eh bien, je te déposerai au passage, mais il faudra que tu te débrouilles toute seule pour rentrer.

— Tu pourrais passer me prendre au retour ? Comme ça, je pourrais annoncer la grande nouvelle à mamie.

— Je pense qu'après un vol de quatorze heures, elle préférera rentrer directement à la maison.

— Comme tu voudras, soupira Emma.

— Barry ! Téléphone !

Ginny posa le récepteur sur la table de l'entrée et prit sa valise.

— Je file, chéri. Ça va, ma tenue ?

— Très bien, mentit Barry en regardant la robe

blanche qui lui tombait sur les hanches comme une meringue pas assez cuite. Mais que fais-tu avec une valise ?

— J'ai pensé qu'il valait mieux prendre plusieurs tenues... si jamais celle-ci ne plaisait pas au producteur.

— Bonne chance. À plus tard. Barry Gee à l'appareil, dit-il en prenant le téléphone.

— Ici Will Garland, répondit une voix grave à l'accent américain. Vous ne me connaissez pas, mais j'ai une proposition à vous faire. Quand pourrais-je vous rencontrer ?

— Je ne tiens pas debout, grogna Mme Joseph en avalant deux cuillerées de sirop contre le rhume. Je retourne me coucher.

— Je croyais que tu avais une manifestation très importante aujourd'hui, dit Henry, qui contractait ses muscles devant le miroir.

— Oui, mais je ne suis pas en état de sortir. Oh, flûte, j'étais censée veiller sur Laura Turner. Il faut que je prévienne sa mère.

Elle prit le téléphone à côté du lit et composa le numéro d'Emily. Pas de réponse.

— Je rappellerai plus tard, murmura-t-elle en se glissant sous la couette.

Au rez-de-chaussée, son fils feuilletait le journal local en échafaudant des plans pour l'après-midi. « J'emmènerai Sumitha au cinéma, ensuite nous irons à la pizzeria, puis nous reviendrons ici et... »

Il frémit d'excitation en pensant à la suite.

Mais il ne voulait surtout pas risquer de croiser son père quand il ramènerait Sumitha à la maison.

— Que fais-tu aujourd'hui, papa ? l'interrogea-t-il à travers la porte de son bureau.

— Je joue au golf avec Richard Garrett.

La voie était libre !

— Papa ? Tu pourrais me prêter une quinzaine d'euros ? demanda-t-il après avoir calculé rapidement le budget de son petit programme de séduction.

38

ÇA DÉGÉNÈRE

Quand arriva le milieu de l'après-midi, Laura, frigorifiée et déçue, en avait assez de faire le pied de grue devant CurePlan.

Gavin Pykett avait appris que l'émission télévisée « Questions de santé » viendrait filmer le laboratoire ce jour-là et il était fou d'excitation.

— C'est une occasion unique pour nous ! Nous avons tout à y gagner ! avait-il déclaré dans le minibus qui les avait amenés, pleins d'enthousiasme.

Mais au bout de quatre heures d'attente inconfortable, Laura n'avait gagné qu'un nez rouge et des fesses endolories. L'équipe de télévision, arrivée à midi seulement, avait disparu à l'intérieur du bâtiment principal et n'avait toujours pas reparu. La mère de John ne s'était pas montrée. Daniel avait passé l'après-midi le nez plongé dans un livre. Même les policiers semblaient s'ennuyer à mourir.

— J'ai froid, Daniel. Si on rentrait ?

— Oh, bravo ! rétorqua ce dernier, tu as froid, alors on arrête la manif ? Ben voyons ! Hé, mais qu'est-ce qui se passe là-bas ?

Un cameraman venait d'émerger du bâtiment,

suivi d'un journaliste et de deux hommes à cheveux gris en costume rayé. Ils s'arrêtèrent devant l'entrée et l'interview commença.

— C'est bon ! hurla Gavin. On fonce dans le tas !

Les manifestants escaladèrent la clôture et coururent vers l'équipe de télévision.

— Allez ! cria Daniel en saisissant Laura par le bras. On y va !

Mais déjà les policiers s'étaient précipités pour contenir la foule.

— Par ici ! hurla Daniel, en entraînant Laura vers le côté du bâtiment. On va entrer par là !

Il sortit de la poche de son duffel-coat une paire de cisailles et s'attaqua au grillage.

— Mais Daniel, on ne peut pas... On ne doit pas... protesta Laura. C'est illégal !

— Quelle importance ? ricana Daniel, en se glissant de l'autre côté par le trou qu'il venait de pratiquer. Tu viens ?

Laura hésita ; elle regrettait d'être venue. Des manifestants jetaient des pierres ; certains se battaient avec les policiers.

Daniel se mit à courir vers l'entrée ; le cameraman s'était détourné des directeurs de CurePlan pour filmer la bagarre.

Laura regarda, horrifiée, Daniel se jeter sur l'un des hommes aux cheveux gris, le poing levé.

— Assassin ! l'entendit-elle hurler.

— Daniel, ne fais pas ça ! cria-t-elle en se précipitant vers lui.

Il allait se faire arrêter s'il continuait. Elle devait l'en empêcher. Tout à coup, elle sentit une douleur atroce à la tempe gauche et s'effondra. Elle porta la main à sa tête et découvrit avec horreur qu'elle était couverte de sang. Puis tout se mit à tourner autour d'elle, un voile noir lui obscurcit la vue et elle perdit connaissance.

39

DE GRANDES ESPÉRANCES

Emma revint de l'audition sur un petit nuage. Elle avait été top ! Le metteur en scène l'avait rappelée trois fois pour lui faire lire différents passages. Bon, Alexa, elle aussi, avait été rappelée, ainsi que deux autres filles du conservatoire Selby. Mais Emma était absolument certaine de décrocher le rôle.

— Votre professeur d'art dramatique vous donnera la réponse la semaine prochaine, avait annoncé le metteur en scène à la fin des auditions. Merci à toutes d'être venues !

Elle était pressée d'annoncer la nouvelle à Rob. Elle lui demanderait de l'emmener fêter ça quelque part. « Ses copains seront jaloux en apprenant qu'il sort avec une actrice ! pensa-t-elle avec délectation. Je marque un point sur Julie et Laura et sur toutes les autres ! »

— Je suis rentrée ! lança-t-elle joyeusement en ouvrant la porte d'entrée.

— Par ici, petite fleur ! répondit sa mère depuis le salon.

Sa grand-mère était assise sur le canapé, à côté d'un homme aux cheveux gris et au visage buriné.

— Bonjour, mamie. Ton voyage s'est bien passé ?

— Ni hao, Emma, répondit sa grand-mère. Ça veut dire « bonjour » en chinois. Oui, c'était merveilleux, extraordinaire, fantastique ! Oh, et voici Tom... Tom Keen.

— Euh... bonjour. Mamie, tu connais la nouvelle ? Je vais obtenir le rôle !

— Quel rôle, ma chérie ?

— Celui d'Estella.

— Estella ?

— Mais quoi ? Maman ne t'a pas parlé de mon audition ?

— Non, ma chérie.

— Ça fait plaisir d'être appréciée à sa juste valeur ! Eh bien, tu ne devineras jamais, mamie...

— Et si je ne l'ai pas fait, intervint sa mère, c'est que ta grand-mère m'a annoncé une grande nouvelle. Beaucoup plus importante que la tienne, figure-toi.

— Oui, ma chérie, je voulais te présenter Tom. Mon fiancé. Nous nous marions dans six semaines.

40

LES ENNUIS CONTINUENT

Tout s'était passé comme sur des roulettes. La mère de Julie était partie pour les studios de télévision, puis son père avait subitement annoncé qu'il avait un rendez-vous. Elle avait eu tout le temps de se préparer pour sa soirée avec Bex. Elle avait retiré de l'argent de son compte épargne, ce qu'elle n'était pas censée faire sans autorisation, mais quelle importance ? On n'a qu'une vie, après tout ! Elle s'était acheté une superbe minijupe en satin orange, un T-shirt moulant et une veste gris métallisé bordée de plumes. Elle avait relevé ses cheveux sur le haut de sa tête avec un chouchou argenté, puis elle s'était soigneusement maquillée. La soirée s'annonçait d'enfer !

Quant à John, son samedi de rêve ne se déroulait pas comme prévu. Il avait emmené Sumitha voir le dernier Spielberg, mais chaque fois qu'il avait voulu passer le bras autour de ses épaules, elle l'avait repoussé. Elle lui avait juste permis de lui tenir la main et encore, quand elle ne la retirait pas pour prendre des pop-corn.

Ils allèrent ensuite manger une pizza.

— Tu sais, je t'aime vraiment, vraiment beaucoup, lui déclara-t-il timidement.

— C'est gentil. Moi aussi. Je peux te demander quelque chose ?

— Bien sûr.

— Eh bien, tu es un garçon...

— Oui ?

— Et j'ai... j'ai une amie qui est très amoureuse, mais elle n'est pas sûre de ses sentiments à lui. À ton avis, il vaut mieux qu'elle lui pose franchement la question ou qu'elle attende ?

— Euh... elle devrait lui parler... le plus tôt possible, bredouilla John, persuadé qu'elle faisait allusion à lui.

— Tu crois ? Vraiment ?

— Vraiment.

— Bon. Eh bien, je lui dirai.

John attendit. Rien. « Je vais la ramener chez moi, elle me le dira là-bas », pensa-t-il.

Arrivés chez lui, ils grignotèrent des cookies aux pépites de chocolat et burent du Coca. Sumitha lui annonça alors qu'elle avait l'intention de faire des études scientifiques à l'université de Birmingham.

— Pourquoi Birmingham ?

— C'est là que Paul est allé.

— Paul ?

— M. Sharpe, notre prof de biologie. C'est l'homme le plus génial, le plus incroyable que j'aie jamais vu.

« Je vais le tuer », pensa John.

— À propos de biologie... reprit Sumitha. Tu voudrais bien faire quelque chose pour moi ?

— Bien sûr.

— Je sèche sur la quatrième question de mon devoir. Tu veux bien y jeter un coup d'œil ? demanda-t-elle en sortant son livre.

John soupira. Rien ne se déroulait comme il l'avait prévu. La porte de derrière s'ouvrit alors et le père de John entra en chancelant sous le poids de son sac de golf. Oh non ! Pourquoi revenait-il si tôt ?

— Tiens, bonjour, Semelda ! lança-t-il d'une voix tonitruante.

— Sumitha, le corrigea la jeune fille.

— Qu'est-ce que vous faites, tous les deux, serrés l'un contre l'autre ? Je ne devrais peut-être pas poser la question ? ajouta-t-il en lançant un clin d'œil à son fils qui aurait voulu disparaître sous terre.

— John m'explique un problème de biologie, dit Sumitha.

— Mais pourquoi une jolie fille comme vous se soucie-t-elle d'un sujet pareil ? s'étonna Henry.

— Je voudrais faire des études scientifiques, dit Sumitha en serrant les dents.

— Vraiment ? Bien, bien, bien. Je croyais pourtant que, vous autres, vous aviez tendance à travailler en famille. Votre père tient un restaurant indien, n'est-ce pas ?

— Non, monsieur Joseph, pas du tout. Il est radiologue à l'hôpital. Ma mère est professeur d'anglais. John, je dois rentrer. Merci de ton aide, mais je pense que mon père devrait pouvoir facilement résoudre ce problème. Salut.

Elle sortit sans un regard pour lui.

— T'es vraiment nul, papa, dit John.

41

PROBLÈMES À LA DÉCHARGE

La Décharge était un endroit fantastique ! La discothèque était décorée de manière à ressembler à une décharge municipale, avec des barils de pétrole en guise de tables et, pour les sièges, des rondins et des poubelles retournées. Dans un coin se trouvait un énorme tas d'ordures artificiel, en mousse de polystyrène, sur lequel un certain nombre d'individus étaient allongés. De vieux couvercles de poubelles pendaient du plafond, ainsi que des enjoliveurs, d'antiques tondeuses à gazon, des essoreuses...

— Tu es venue, finalement ? observa Fee quand Julie s'approcha.

Elle était collée à un garçon coiffé d'une crête orange.

— Spike, c'est Julie... une copine de Bex.

Spike la salua d'un hochement de tête presque imperceptible.

— Sexyyyyyyy ! lança un grand type râblé, coiffé à la Robbie Williams. Je m'appelle Eddie. Tu danses ?

Tandis qu'ils se frayaient péniblement un passage vers la piste surpeuplée et couverte de paquets de chips vides et de mégots de cigarettes (« Ça fait partie du décor, ils nettoient jamais », expliqua Eddie), Julie remarqua que la plupart des jeunes étaient plus âgés qu'elle et que beaucoup buvaient. L'air était saturé de fumée ; elle commença à se sentir mal à l'aise. Elle essaya de se rassurer en pensant qu'Eddie se montrait très sympa et que Fee semblait l'avoir finalement acceptée.

Tout à coup, Eddie l'attira contre lui et voulut l'embrasser. Elle le repoussa, choquée. Elle le connaissait à peine !

— Arrête, s'il te plaît, non !

— Dis donc, tu joues les allumeuses, on dirait ?

Julie se dégagea d'un coup d'épaule et rejoignit précipitamment Fee et Bex qui allumaient une cigarette.

— Ça va, Jul ? demanda Bex. Tu veux une clope ?

Julie secoua la tête.

— La fifille a sa maman n'a peut-être pas le droit de fumer ! railla Fee.

« C'est pas encore la grande amitié », pensa Julie. Elle se tourna vers Bex, espérant qu'elle la soutiendrait.

— Allez, prends-en une, insista celle-ci. *Tout le monde* fume !

— À moins que tu préfères ça, dit Eddie en lui tendant une poignée de petites pilules blanches.

— Ah non ! s'écria-t-elle.

— C'est pas dangereux, insista Eddie en poussant une pilule vers elle. Franchement... c'est juste pour se sentir bien.

— Pas question.

— Laisse-la, Eddie, dit Fee. C'est une gamine ! Elle n'y connaît rien.

— Faut que j'y aille, de toute façon, dit Julie, excédée. Salut, Bex.

Elle traversa la discothèque en jouant des coudes, sortit sur le trottoir et remonta la rue en direction de l'arrêt de bus.

Elle entendit alors quelqu'un courir derrière elle.

— Hé, t'enfuis pas comme ça, dit Eddie en lui saisissant le bras. J'ai des projets pour nous.

Il la poussa sous un porche et l'embrassa en lui mettant les mains sur les fesses. Il sentait très mauvais et Julie paniqua.

— Arrête ! Laisse-moi ! cria-t-elle en le repoussant.

— Oh, allez. Tu m'as allumé toute la soirée. Tu ne vas pas jouer les glaçons, maintenant.

Il l'agrippa d'une main par les cheveux et bascula sa tête en l'arrière pour l'embrasser dans le cou pendant que de l'autre il cherchait l'attache de son soutien-gorge. Julie poussa un cri et lui décocha un coup de genou entre les jambes avant de s'enfuir en sanglotant.

42

EMILY A UNE PEUR BLEUE

— Je voudrais regarder l'émission de Ginny ! lança Emily depuis la cuisine. Ça ne te dérange pas si on mange devant la télé ?

— Pas de problème, dit Melvyn. Où est Laura ?

— Mmm, elle est sortie avec un copain. Elle ne devrait plus tarder maintenant.

Mais Emily commençait à trouver le temps long. Elle se rassura en pensant qu'Anona avait sans doute invité Laura à prendre le thé chez elle.

Ils s'installèrent devant la télévision avec leurs assiettes de lasagnes.

— Mesdames et messieurs, bonsoir. Avant « Tu sais Tessa », voici un flash spécial d'information.

Andrea Goodson, la présentatrice du journal de TV Est, apparut à l'écran.

— Nous venons d'apprendre que de graves incidents ont éclaté lors d'une manifestation devant les laboratoires CurePlan à Fettlesham, dans les environs de Leehampton.

Emily laissa tomber sa fourchette dans son assiette.

— La police a dû intervenir pour disperser des manifestants qui avaient envahi l'enceinte des laboratoires pendant un reportage pour l'émission « Questions de santé ».

— Qu'est-ce que je te disais ? commenta Melvyn. Ça arrive tout le temps ! Heureusement que Laura a abandonné cette lubie. Je n'aurais pas aimé la savoir au milieu de tout ça.

Des images apparurent alors sur l'écran.

— Plusieurs personnes ont été arrêtées, continua le journaliste, et deux blessés, dont une mineure, ont été conduits à l'hôpital de Leehampton. Nous vous donnerons plus de...

— Oh, mon Dieu ! cria Emily. Regarde ! C'est Laura ! Oh, mon Dieu !

La caméra filmait deux infirmiers qui déposaient une civière dans l'ambulance et reculaient pour fermer les portes, dévoilant ainsi le visage livide de Laura, les yeux clos.

Melvyn blêmit. Emily lui agrippa le bras.

— Attends, calme-toi. J'appelle l'hôpital. Prends ton manteau. Tu penses que les Browning sont au courant ? ajouta-t-il après un temps de réflexion.

Emily sanglotait si fort qu'elle ne put répondre.

— Je cours les prévenir. Ne t'inquiète pas, ma chérie, elle va s'en sortir.

Alexa Browning ouvrit la porte.

— Ta mère est là ? demanda Melvyn.

— Non, je regrette, mes parents sont sortis. Mais il y a mamie.

Une vieille dame à la mine anxieuse vint à la porte.

— Nous avons pensé qu'il fallait vous prévenir... Notre fille, Laura, était avec Daniel cet après-midi à la manifestation de...

La grand-mère d'Alexa l'arrêta d'un geste.

— Je suis au courant. Rodney et Barbara sont partis au commissariat essayer de récupérer mon impétueux petit-fils. Oh, mon Dieu, cette jeune fille à la télévision, ce n'était pas...

— Si. Nous partons pour l'hôpital. Je m'expliquerai avec Daniel plus tard.

43

JULIE EST DÉSESPÉRÉE

Julie souffrait d'un point de côté si douloureux qu'elle ne pouvait plus courir. Elle jeta un coup d'œil angoissé par-dessus son épaule mais ne vit aucune trace d'Eddie. Un peu soulagée, elle s'engouffra dans la première cabine pour téléphoner chez elle.

Bonjour, merci d'avoir appelé la famille Gee. Nous sommes absents pour le moment...

Flûte ! Le répondeur ! Son père n'était pas encore rentré et sa mère ne reviendrait pas avant une heure...

— *Merci de parler distinctement après le bip sonore.*

— C'est moi, Julie ! commença-t-elle et elle fondit en larmes.

Un type qui faisait les cent pas devant la cabine lui lança un regard bizarre. Elle raccrocha, paniquée, et s'enfuit.

Elle avait envie de vomir. Elle avait cru passer une soirée géniale, se faire de nouveaux amis, et elle s'était complètement ridiculisée. Que lui arrivait-il ? La conduite d'Eddie l'avait révoltée mais, à quinze ans, elle aurait dû être contente qu'un garçon veuille l'embrasser, non ? Elle ne pouvait pas rentrer à pied dans l'obscurité. C'était trop dangereux. Elle n'avait pas assez d'argent pour prendre un taxi. Il ne lui restait plus qu'à attendre que son père rentre pour qu'il puisse payer le chauffeur.

Elle tremblait de froid et surtout de peur. De l'autre côté de la rue, elle aperçut les lumières du *Fishbone*, un petit snack qui servait des *fish and chips*[1]. Elle décida de prendre un café en attendant de rappeler chez elle. Elle se regarda dans une vitrine, essaya sans beaucoup de succès d'enlever le mascara qui avait coulé sur ses joues avec un mouchoir en papier et entra.

1. Délicieuse spécialité anglaise : des beignets de poisson servis avec des frites. (*N.d.T.*)

44

LAURA EST BLESSÉE !

Emily avait l'impression qu'ils n'arriveraient jamais à l'hôpital. Tous les feux étaient rouges, tous les carrefours encombrés. Pourquoi avait-elle écouté Anona ? Pourquoi avait-elle laissé Laura aller à cette manifestation ? Que lui était-il arrivé ? Le reportage ne permettait pas de se rendre compte si sa fille était gravement blessée.

— Pourquoi Laura est-elle allée à cette fichu manif, d'abord ? demanda Melvyn en pianotant nerveusement sur le volant. Elle devait t'accompagner faire les courses !

— C'est moi qui l'ai autorisée à y aller, murmura Emily.

— Quoi ? s'exclama Melvyn, indigné. Dans ton état ! Alors que je lui avais...

— Anona Joseph m'avait promis de veiller sur elle, alors ça m'a rassurée.

— Et maintenant Laura est à l'hôpital !

— Arrête, le supplia Emily, au bord des larmes. Je me sens déjà assez coupable, inutile de retourner le couteau dans la plaie !

— Oh, excuse-moi... Ne t'affole pas, surtout,

pense au bébé, dit-il en se garant enfin devant les urgences.

Ils coururent vers la réception.

— Ma fille... Laura Turner. Elle a été amenée ici... Elle était à la manifestation de Fettlesham...

— Ah oui, madame Turner. Veuillez vous asseoir, j'appelle quelqu'un.

— Mais comment va-t-elle ? C'est grave ?

— Asseyez-vous, on s'occupe tout de suite de vous, dit l'employée avec un sourire rassurant.

Quelques minutes plus tard, une infirmière s'approcha d'eux.

— Vous pouvez voir Laura maintenant, dit-elle. Elle va bien. Elle est restée inconsciente quelques minutes. Elle a sans doute reçu une pierre. Mais elle s'est réveillée très vite. Nous lui avons fait quatre points de suture ; heureusement, la coupure se trouve sous les cheveux, ça ne se verra même pas.

— Dieu soit loué, murmura Emily en fondant en larmes.

Laura était allongée sur un brancard, dans une alcôve fermée par des rideaux. Elle était très pâle et portait un gros pansement sur la tempe gauche. Elle fondit en larmes en voyant sa mère.

— C'était affreux, maman ! J'ai eu très peur. J'ai voulu empêcher Daniel de se battre, et alors j'ai reçu un coup... et la police l'a emmené et...

— Ça va, ma chérie, dit Emily en la prenant dans ses bras. Tout va bien, maintenant. Nous sommes là.

45

LES SURPRISES DU PETIT ÉCRAN

Julie serrait sa tasse de café entre ses doigts tremblants. Elle se sentait seule, perdue et terrorisée. Elle rassemblait son courage pour retourner à la cabine téléphonique quand une annonce à la télévision fixée au-dessus du comptoir attira son attention.

— Et maintenant, veuillez accueillir votre hôtesse de ce soir : Ginny Gee !

Un tonnerre d'applaudissements éclata. Et sa mère apparut, étonnamment élégante dans une chemise en soie gris taupe et un pantalon cannelle, toute souriante.

— Bien que cette émission s'appelle « Tu sais Tessa », c'est moi, Ginny Gee, qui animerai le débat aujourd'hui. J'espère que vous vous joindrez nombreux à notre discussion ! Elle portera ce soir sur un thème cher à la plupart d'entre nous : les adolescents !

« C'est parti », pensa Julie.

— C'est une journaliste formidable, cette Ginny Gee ! s'extasia un client derrière elle. Elle est sur

Hot FM et elle écrit dans le journal. Elle fait des trucs vraiment sympas. Ma femme ne jure que par elle.

Cette réflexion mit du baume au cœur de Julie qui décida de commander un autre café et de regarder l'émission.

— Julie ? Ça va ? demanda Bex en s'affalant sur le siège à côté d'elle. Je te cherchais partout.

— Tu as dû me trouver complètement nulle, marmonna Julie.

Bex secoua la tête. Elle semblait gênée.

— Non, pas du tout. Eddie a eu ce qu'il méritait ! Il essaie avec tout le monde. Je suis désolée.

— Pourquoi ? Tu n'as rien fait.

Bex haussa les épaules.

— Justement, je n'ai rien fait. J'aurais dû te prévenir. C'était une idée de Fee. Elle pensait que ça serait drôle. Elle ne s'attendait pas à ta réaction. Dis donc, c'est pas ta mère à la télé ?

Julie regarda l'écran en hochant la tête.

— Je ne sais pas si vous avez des adolescents, mais si c'est le cas, vous devez bien vous entendre avec eux, disait une spectatrice. Avec votre métier, vous devez savoir comment les prendre.

— On s'en va ! dit Julie en pestant intérieurement.

— Non, écoutons ce qu'elle va dire !

— Eh bien, j'ai une fille de quinze ans, un fils de dix-neuf ans et une autre fille de vingt. Bien sûr, je les adore tous.

— Mais elle préfère Geneva, grommela Julie.

— Quant à savoir comment les prendre, je ne connais pas de recette miraculeuse. Ma plus jeune fille est merveilleuse, mais elle traverse une période difficile en ce moment. Elle ne s'entend plus avec ses amies, elle grandit, et elle doit supporter en plus sa vieille mère.

L'assistance rit avec bienveillance.

— Alors quels conseils donneriez-vous ? insista la spectatrice.

— Il faut les aimer, quoi qu'il arrive. Et même si vous n'appréciez pas leur comportement, il faut qu'ils sachent qu'ils peuvent toujours compter sur vous.

— C'est difficile quand ils sont grossiers, révoltés ou même carrément odieux, intervint une autre spectatrice. À moins que votre fille soit une sainte ?

— Loin de là ! dit Ginny en souriant. Elle me rend folle, parfois... mais j'ai le don de l'exaspérer moi aussi : je ne m'habille pas comme il faut, je ne dis jamais ce qu'il faut, je fais tout mal... Je suis un parent, quoi !

Un autre éclat de rire.

— Mais, malgré son hostilité, je sais, au fond, que je peux compter sur elle comme elle peut compter sur moi. La seule chose que je redoute, c'est le jour où elle quittera la maison... mais j'essaie de ne pas y penser.

— J'aimerais bien que ma mère soit comme ça, dit doucement Bex. Tu as une sacrée chance.

— Tu as raison, dit Julie en reniflant pour retenir ses larmes. Il faut que je rentre.

— Dis, Julie ? Tu veux bien qu'on reste amies ?

— Bien sûr.

— Super !

46

CHOC À L'ÉCRAN

John était effondré devant la télévision, le moral à zéro. Comment son père avait-il pu se montrer aussi grossier ? Sa mère n'avait pas voulu le croire quand il lui avait raconté ce qui s'était passé. Il était sûr d'avoir perdu Sumitha à jamais. D'ailleurs, elle aussi l'avait déçu. Elle avait raison de vouloir travailler mais ça ne l'empêchait pas de s'amuser ! Peut-être n'étaient-ils simplement pas faits l'un pour l'autre. Peut-être qu'il n'aurait jamais de petite amie. Peut-être qu'il n'était pas normal.

— Mets les informations régionales, John, sois gentil, dit sa mère en entrant au salon, toujours en robe de chambre. Je voudrais voir si on parle de la manifestation.

Elle eut un coup au cœur, dix minutes plus tard, en croyant reconnaître Laura.

— J'ai oublié de téléphoner à Emily, gémit-elle. Si jamais c'était sa fille, elle ne me le pardonnera jamais. John, tu crois que c'était Laura ?

Elle n'eut pas de réponse. John avait déjà sauté sur son vélo et fonçait vers l'hôpital.

47

LES PARENTS PANIQUENT

Ginny, euphorique, tourna la clé dans la serrure. Le producteur, enchanté par l'émission, l'avait engagée jusqu'au retour de Tessa.

— Julie ! Barry ! Je suis rentrée ! appela-t-elle avant d'apercevoir un petit mot sur la table.

Ginny chérie,

J'espère que l'émission s'est bien passée. Je rentrerai tard mais j'aurai peut-être de bonnes nouvelles. Ne m'attends pas.

Je t'embrasse

Barry

Flûte ! Elle avait besoin d'annoncer la nouvelle à quelqu'un. Elle courut à l'étage et frappa à la porte de Julie.

— Tu ne dors pas, Julie ? Je peux entrer ?

Elle poussa la porte. La chambre était vide. Comme le reste de la maison.

Ginny passa par tous les stades, de la colère (sa fille était sortie sans permission alors qu'elle était punie) aux larmes (sa fille avait certainement été enlevée par un tueur en série ou renversée par un camion).

« Le répondeur ! » songea-t-elle brusquement.

Il n'y avait qu'un message.

— *C'est moi, Julie !*

Ginny entendit des sanglots étouffés puis un déclic sinistre.

Elle allait appeler la police quand Barry arriva.

— Ginny, j'ai une merveilleuse nouvelle ! Nos problèmes sont résolus ! Tu...

— Barry, Julie n'est pas là ! Elle a laissé un message bizarre sur le répondeur. Elle dit juste « C'est moi » et puis plus rien !

— Comment ça, plus rien ?

— Plus rien, quoi ! La ligne a été coupée ! Oh, mon Dieu, Barry, imagine que quelqu'un...

— Attends, chérie. Ne nous affolons pas. Tu as appelé Laura ? Sumitha ?

Ginny téléphona. Il n'y eut pas de réponse chez Laura, et les Banerji lui assurèrent qu'ils n'avaient pas vu Julie depuis des semaines.

— Je vais la chercher, dit Barry. Tu ne crois pas qu'elle aurait pu aller dans cette boîte, tu sais, *La Décharge* ?

— Peut-être. Je viens avec toi.

— Non, reste ici au cas où elle téléphonerait, dit-il en ouvrant la porte.

Au même moment, un taxi s'arrêta devant la maison. Julie en sortit et courut se jeter dans les bras de sa mère.

— Julie, Dieu merci ! Tu vas bien ? demanda Ginny en retenant des larmes de soulagement.

— Je suis désolée, maman, je... commença-t-elle d'une voix étranglée.

Barry paya le taxi tandis que Ginny entraînait Julie à l'intérieur.

Dix minutes plus tard, ils étaient assis tous les trois autour d'une tasse de chocolat chaud.

— Maintenant, ma chérie, réponds-moi franchement. Cet Eddie a-t-il essayé de te faire autre chose que de t'embrasser ? Personne ne se fâchera, mais tu dois nous le dire.

Julie secoua la tête.

— Non. Je lui ai envoyé un coup de pied là où ça fait mal.

— Parfait, dit Barry. Et tu n'as pas pris cette pilule ?

— Bien sûr que non ! Fais-moi confiance !

— Si jamais je mets la main sur ce salaud ! grommela Barry. Mais tu n'aurais pas dû sortir, tu étais punie, ajouta-t-il en s'efforçant à la sévérité.

Il était tellement soulagé de l'avoir retrouvée saine et sauve qu'il n'avait plus le cœur à se fâcher.

— Je sais, je n'aurais pas dû. Comme personne ne s'intéressait à moi, je me suis dit que je n'avais rien à perdre.

— Mais, chérie, bien sûr qu'on s'intéresse à toi... commença Ginny.

— Je le sais, maintenant. J'ai vu l'émission à la télé...

— Oh, j'oubliais, comment ça s'est passé ? demanda Barry.

— Bien, mais on en parlera plus tard. Qu'est-ce que tu disais, ma chérie ?

— Eh bien, pendant que j'étais au *fish and chips*,

j'ai regardé ton émission. Quand cette dame t'a posé des questions sur tes enfants, tu as dit que tu m'aimais et que tu n'avais pas envie que je quitte la maison. Moi, je croyais que tu me détestais, que tu préférais Geneva et que tu avais hâte de te débarrasser de moi, hoqueta Julie, en fondant à nouveau en larmes.

— Mais comment as-tu pu croire une chose pareille ? s'exclama Ginny, bouleversée de ne pas avoir su montrer à sa fille combien elle l'aimait.

— Papa a dit qu'il aimerait que Geneva soit là, reprit Julie.

— Moi, j'ai dit ça ? s'étonna Barry.

— L'autre soir, chez Lorenzo.

— Ah ? Je pensais seulement que tu te serais amusée davantage si elle avait été là. Elle doit te manquer. Vous étiez si proches, toutes les deux.

— C'est vrai qu'elle me manque, soupira Julie.

— Et que voulais-tu me dire d'autre ? reprit doucement sa mère.

— Tu te mets tout le temps en boule à cause de ma chambre, et papa déteste mes fringues, et mes amies me laissent tomber...

— Mais ma chérie, l'interrompit Ginny. Nous tenons à toi, énormément. Seulement, parfois, nos soucis personnels, nos déceptions et nos inquiétudes débordent sur notre vie de famille. C'est la vie. Mais quand je te regarde et que je te vois si jolie, si pétillante, je voudrais que tu ne souffres jamais et que tu sois toujours heureuse. Ce qui ne m'empêche pas de piquer des crises...

— Nous t'aimons très fort tous les deux, renchérit Barry. D'ailleurs je me demande si je ne vais pas donner ton nom au nouveau restaurant. *Le Julie*. Ça sonne bien, tu ne trouves pas ?

— Quel nouveau restaurant ? s'écrièrent-elles en chœur.

— C'était ça, ma grande nouvelle ! J'ai reçu un appel d'un certain Will Garland, qui m'a vu dans « Superchef ». Il a acheté *Le Moine affamé*, vous savez, le restaurant de Bridge Street qui a fermé au printemps, et il voudrait que je m'en occupe. Il se charge de toute la gestion et me laisse carte blanche pour la cuisine. Et j'aurai un salaire ! ajouta-t-il avec un clin d'œil à l'attention de Ginny.

— C'est formidable ! s'écria celle-ci en lui sautant au cou. Oh, Barry, que je suis contente pour toi !

— C'est génial, papa ! dit Julie. Mais je t'en prie, ne lui donne pas mon nom. Mes amies ne me le pardonneraient pas. Au fait, c'est quoi le nom de ton associé ? dit Julie.

— Will Garland.

— Eh bien, ne cherche pas plus loin. Tu t'appelles Gee, et son nom à lui commence par ga. Ça fait Giga.

— C'est une idée formidable, ma chérie ! s'exclama son père en la prenant dans ses bras. Va pour le *Giga* !

48

DOUCHE FROIDE

— Mamie, voyons, tu ne peux pas te marier ! s'exclama Emma pour la dixième fois ce jour-là.

— Oh, je crois bien que si, ma chérie, répondit calmement sa grand-mère en se tournant vers Tom qui la contemplait avec adoration. Nous ferons un beau couple, n'est-ce pas, mon amour ?

— Admirable. Et dire que j'aurai une petite-fille toute faite à gâter ! répondit Tom en adressant un grand sourire à Emma qui détourna la tête.

— D'ailleurs, ma chérie, continua sa grand-mère, je compte sur toi comme demoiselle d'honneur le samedi 4 avril.

— Oh, ça tombe mal, je ne pourrai pas venir. J'ai mes répétitions le samedi. Le personnage d'Estella est un des plus importants de la pièce.

— Je ne savais pas que tu avais obtenu le rôle, intervint sa mère. Il va falloir qu'on en parle.

— Eh bien, j'attends toujours la réponse, admit Laura d'un ton impatient. Mais j'aurai le rôle, c'est évident. C'était moi la meilleure, et de loin.

Dès que sa grand-mère et Tom furent partis, Emma donna libre cours à sa colère.

— Alors, tu n'es pas contente ? demanda-t-elle sèchement à sa mère.

— Si, je suis ravie, ma chérie. Mamie mérite d'être heureuse et...

— Pas pour mamie, pour moi, pour mon rôle ! fit Emma, agacée.

— Pas vraiment, non.

Emma la fixa, bouche bée.

— Tu ne penses qu'à toi alors que tu devrais te réjouir du bonheur de ta grand-mère. Et si tu obtiens le rôle, tu risques de devenir encore plus prétentieuse. Alors je ne suis pas certaine de t'autoriser à le jouer. Si tu l'obtiens...

Emma fut si stupéfaite du regard écœuré que lui lança sa mère qu'elle en resta bouche bée. Et celle-ci ne l'avait pas appelée une seule fois « petite fleur ».

49

UN MÉDICAMENT MIRACLE POUR LAURA

Le médecin posa la main sur l'épaule de Laura en souriant.

— Je pense que vous pouvez ramener cette jeune fille à la maison, maintenant. Quant à vous, Laura, évitez les foules ! Pas question de prendre de nouveaux coups dans les jours à venir. Maintenant, si vous voulez bien signer ceci... continua-t-il à l'intention d'Emily.

— Tu dois penser que j'ai eu ce que je méritais, hein, Melvyn ? dit Laura, tandis que sa mère signait les formulaires. Tu ne voulais pas que j'aille à la manif.

— Ce ne sont pas les manifestations qui m'inquiètent, ma chérie, dit Melvyn. J'admire les gens qui se mobilisent pour défendre leurs principes. Mais je ne supporte pas ceux qui ont recours à la violence pour imposer leurs idées.

— Ne t'en fais pas, je me contenterai d'écrire des livres, désormais, dit Laura avec un petit sourire.

Comme ils se dirigeaient vers la sortie, Laura

demanda à sa mère si elle avait des nouvelles de Daniel.

— J'ai cru comprendre qu'il avait été emmené au commissariat, dit sévèrement Melvyn. Il faudra que j'aie une petite discussion avec lui !

— Oh, ne fais pas ça ! le supplia Laura. Ça va faire le tour du lycée si Alexa l'apprend. C'était autant ma faute que la sienne. Si je n'avais pas essayé de l'empêcher...

— Il est plus vieux que toi ; il aurait dû prendre ses responsabilités.

Laura soupira. Elle n'avait pas imaginé que Daniel puisse être si nul. Manifester, c'était bien, mais Melvyn avait raison : la violence et les insultes, c'était une tout autre affaire.

— Laura ! Laura !

Elle se retourna. La douleur la fit grimacer légèrement. Et elle cligna des yeux. Le coup qu'elle avait reçu sur la tête était peut-être plus grave qu'on ne le pensait. Elle aurait juré qu'il s'agissait de John, là, dans la salle d'attente.

— John, quelle surprise de te voir ici ! s'exclama Emily, au même instant.

« Alors je ne rêve pas, pensa Laura. C'est bien lui. »

— Tu vas bien ? demanda-t-il en examinant avec inquiétude son visage pâle et son front bandé. Tu es blessée ? Je suis venu dès que j'ai appris...

Laura secoua la tête et grimaça encore.

— Non, je me suis juste un peu ouvert la tête... ça va, le rassura-t-elle. Mais comment tu as su que j'étais là ?

— Je t'ai vue à la télé.

— Je suis passée à la télé ? s'écria-t-elle, ragaillardie.

— Aux infos régionales. Ça m'a paniqué. Tu avais l'air... enfin, j'ai vraiment cru que tu étais... Alors je suis venu.

— Nous devons ramener Laura à la maison, intervint Emily qui avait remarqué que sa fille avait les yeux brillants et le visage rouge ; elle devait avoir de la fièvre.

— Euh, je pourrai passer demain ? Juste pour prendre de tes nouvelles ?

— Mais, elle doit se reposer...

— Bien sûr que oui, répondit fermement Laura.

Elle se sentait déjà mieux.

50

LAURA TROUVE ENFIN L'AMOUR

John débarqua donc chez Laura le dimanche et lui offrit une boîte de chocolats.

— Oh, merci beaucoup, dit Laura, la gorge nouée par l'émotion. C'est sympa d'être venu hier, ajouta-t-elle.

— Il n'y a pas de quoi. Tiens, j'ai fait ça pour toi, dit-il en lui tendant une page de bandes dessinées. C'est un peu l'histoire de nos rencontres. J'ai l'impression qu'une catastrophe nous tombe dessus chaque fois qu'on se voit !

Il avait dessiné Laura fonçant sur lui à vélo, quelques mois plus tôt, Laura étalée à ses pieds, Laura essayant de dessiner, sans succès, et Laura, abattue, la tête bandée.

— C'est génial ! Tu as raison, on se retrouve toujours dans des circonstances trop bizarres !

— Oui, eh bien... Euh, on pourrait changer ça. En fait... euh, je te trouve vraiment mignonne et... Tu veux sortir avec moi ? bredouilla-t-il, furieux d'avoir tant de mal à trouver ses mots.

Laura le fixait, bouche bée.
Il avait tout gâché. Il le savait.
— Ça me plairait, dit-elle enfin.
— Vraiment ?
— Oui, vraiment beaucoup.

51

LES CONTRACTIONS

— Tu as l'air drôlement gaie, remarqua la mère de Laura en l'entendant chanter à pleine voix.

— Je suis contente, dit Laura.

Emily sourit.

— La visite de John y serait-elle pour quelque chose ?

— Mmmm... peut-être.

— Je suis ravie de te voir heureuse, dit Emily en la serrant dans ses bras. Mais tu ne devrais pas aller au lycée aujourd'hui. Tu es un peu pâle et ta blessure n'a pas encore commencé à cicatriser.

— Oh, maman, ça va aller, franchement. Je t'en prie.

Laura avait hâte d'aller au lycée raconter à tout le monde – y compris à Sumitha – ce qui s'était passé entre elle et John. Elle rassemblait ses affaires quand elle entendit un cri dans la cuisine.

— Laura !

Elle se précipita au rez-de-chaussée et trouva sa mère une main sur la poignée de la porte, l'autre crispée sur son ventre.

— Laura ! c'est le bébé. Il arrive !

— Mais c'est impossible ! il ne devait pas naître avant mars !

— Eh bien, il n'a pas attendu ! Tu peux appeler Melvyn au bureau et... Ah !

Laura entraîna sa mère vers le salon.

— Assieds-toi, maman.

Le cœur battant, elle appela le bureau de Melvyn.

— Je suis désolée, M. Crouch est parti à notre agence de Kettleborough, lui répondit la standardiste. M. Leadsom pourra peut-être vous aider ?

— Non, à moins qu'il n'ait un diplôme de sage-femme, rétorqua sèchement Laura. Pouvez-vous contacter mon beau-père et lui dire que ma mère accouche ?

— Oh, oui, bien sûr, bafouilla la jeune femme.

Laura retourna dans le salon.

— Ce n'est pas possible, hoqueta Emily. Les contractions... Elles sont de plus en plus rapprochées.

— J'appelle une ambulance, dit Laura. Essaie de te retenir !

52

À NOUS QUATRE !

— Comme il est petit ! murmura Laura, penchée sur le berceau, au service des prématurés. Vous êtes sûrs qu'il va vivre ?

— Le médecin dit qu'il va très bien, la rassura Melvyn. N'est-ce pas ? ajouta-t-il en se tournant vers l'infirmière qui ajustait l'un des minuscules tubes attachés au bébé.

— Il est en pleine forme, assura-t-elle. Tu étais juste un peu pressé de venir au monde, hein, bout de chou ? dit-elle au bébé.

— Je crois que sa mère a eu des émotions, ajouta une autre infirmière et c'est ce qui a dû provoquer l'accouchement.

« C'est ma faute, pensa Laura. Si jamais le bébé meurt, ce sera à cause de moi. »

— Viens, retournons là-haut voir ta mère, dit Melvyn.

— Vous l'avez vu ? Il est adorable, non ? demanda Emily dès qu'ils entrèrent dans la chambre.

Laura hocha la tête et éclata en sanglots.

— Laura, ma chérie, qu'est-ce qui t'arrive ? Tu t'y feras, tu verras...

— Maman, je m'en veux tellement ! Il a l'air si petit, et il a des tubes et des trucs branchés partout...

— Laura, ma chérie, écoute-moi, intervint Melvyn. Il va très bien. Honnêtement. L'infirmière nous a expliqué qu'ils étaient forcés de prendre certaines précautions avec les bébés prématurés. Il a seulement quatre semaines d'avance, ce n'est pas grand-chose. Il va vraiment très bien.

— C'est vrai ? Charlie va bien, tu es sûr ? demanda-t-elle en s'essuyant les yeux.

— Charlie ? répétèrent Emily et Melvyn.

— Je n'allais pas vous laisser l'appeler Tarquin, non ? dit Laura, qui s'était ressaisie. Je l'ai toujours appelé Charlie dans ma tête. Charles pour un garçon, Charlotte pour une fille. Charlie.

Emily et Melvyn échangèrent des regards.

— Charlie, murmura Melvyn, songeur. Ça sonne bien.

— Charlie, répéta Emily. Ça me plaît.

— L'affaire est réglée, alors ! conclut Laura.

53

MAUVAISES NOUVELLES POUR EMMA

Quand elle retourna au lycée, le mardi, Laura fut bien sûr le centre d'attraction. Ses amies brûlaient de connaître tous les détails de l'accident.

— J'ai été débile, dit-elle franchement. Je pensais que Daniel manifestait pour défendre ses convictions. En fait, il cherchait la bagarre. J'imagine qu'il aurait manifesté contre n'importe quoi, juste pour le plaisir !

— Et où il en est ? Ses parents doivent être furieux contre lui ? demanda Emma.

— Plutôt, dit Laura. La police l'a renvoyé chez lui après le versement d'une caution et je sais que son père a dit qu'il serait privé de leçons de conduite pendant six mois.

— Et le bébé ? Raconte ! dit Julie qui cherchait désespérément à redevenir son amie.

— Il est incroyablement minuscule, il a des petits ongles craquants et un nez comme un bouton. Ça te ferait plaisir de venir le voir après les cours ? demanda-t-elle d'un ton hésitant. Enfin, sauf si tu as rendez-vous avec Bex.

— J'adorerais, dit Julie. Vraiment.

— Tu veux venir, Emma ?

— J'peux pas, désolée. J'ai mon cours de théâtre. Je suis obligée d'y aller pour connaître le planning des répétitions.

— Ah, fit Laura. On t'a donné un autre rôle ? Je croyais que c'était fini pour toi, vu qu'Alexa a décroché celui d'Estella...

— Qu'est-ce que tu racontes ? s'écria Emma en la regardant fixement.

— Alexa Browning ? Je ne te l'avais pas dit ? Quand Daniel est venu s'excuser hier soir, il a dit qu'Alexa venait d'apprendre par téléphone qu'elle avait le rôle d'Estella.

— Mais il a mal compris ! tonna Emma. Cette gamine n'a aucune chance d'avoir ce rôle. J'étais bien meilleure qu'elle. Il y a une erreur. J'en suis sûre.

Elle fonça vers les téléphones.

Julie échangea un regard entendu avec Laura.

— Aïe aïe aïe ! s'exclamèrent-elles en chœur.

Sumitha prit une profonde inspiration et glissa l'enveloppe dans le porte-documents de M. Sharpe. Puis elle retourna à sa place, le cœur battant, et attendit que le cours commence.

54

GAZOUILLIS

— Il te ressemble quand tu venais de naître, dit Emily à Laura.

Elles étaient penchées sur le berceau de Charlie. Emily était sortie de l'hôpital, mais Charlie devait rester au service des prématurés quelques jours de plus.

— Tu es contente, Laura ?

— Je le trouve adorable. C'est sympa d'être une grande sœur, au fond !

Elle soupira.

— Qu'est-ce que tu as, chérie ? demanda sa mère.

— Oh, je pensais juste à papa. Tu es heureuse, et j'aimerais qu'il le soit aussi. Je voudrais que vous soyez heureux tous les deux.

— Je sais, ma chérie. Mais il faut que tu saches que ce n'est pas de ton ressort de nous rendre heureux, ni l'un ni l'autre. Si ton père traverse une période difficile, tu n'y es pour rien.

— Il espérait tant que je te convaincrais de le laisser revenir à la maison... Maintenant, je me rends compte que ça ne marcherait pas, il va penser que je n'ai même pas essayé et...

Emily secoua la tête.

— Non. Je lui ai écrit. Je lui ai expliqué ce que

je ressentais et je lui ai demandé de ne plus te faire subir ce genre de pression. Ne t'inquiète pas, je lui ai dit à quel point tu l'aimais.

— Merci, maman, dit Laura, brusquement soulagée. Tu es géniale, tu sais.

Sumitha traîna un long moment dans les vestiaires. Puis, une fois certaine que tout le monde était parti, elle retourna au laboratoire.

Paul, assis à son bureau, feuilletait une pile de devoirs. Il leva la tête en l'entendant entrer.

— Ah, Sumitha.

— Monsieur... Paul ? se lança-t-elle, la gorge serrée. Vous avez lu ma carte ?

M. Sharpe reposa ses papiers et la regarda droit dans les yeux.

— Oui, Sumitha. Et, avant d'aller plus loin... avant que tu ne prononces des paroles embarrassantes... laisse-moi te dire ce que tu sais déjà, au fond de toi.

Sumitha le fixa. Allait-il lui dire qu'elle était sa préférée, qu'il se rendait compte qu'elle n'était pas une gamine stupide, qu'il... ?

— Je suis ton professeur, j'ai douze ans de plus que toi et ce que tu prends pour de l'amour n'est qu'un petit coup de cœur. Je suis désolé de te parler aussi durement, mais c'est la vérité.

— Non, je... je vous trouve vraiment formidable. Vous êtes un professeur génial.

— Merci, dit Paul. Mais n'oublie jamais que c'est tout ce que je suis. Ton professeur. Rien de plus. Maintenant, je dois fermer la salle. Bonsoir.

55

EMMA QUITTE LA SCÈNE

Emma, effondrée sur son lit, pleurait toutes les larmes de son corps. C'était injuste. Comment avait-on pu choisir Alexa Browning, qui n'avait que douze ans, pour jouer Estella ? Comment faire face à un tel affront ? Et que dirait-elle aux autres ? Elle avait été si sûre de décrocher le rôle qu'elle avait promis des places à tous ses amis.

« Tu auras d'autres occasions, Emma, lui avait dit Mlle Olive quand elle l'avait appelée. Alexa avait simplement l'allure victorienne idéale. » Sa mère avait lancé : « Ça te fera le plus grand bien ! Tes chevilles avaient un peu trop enflé ces jours-ci. » Et mamie, qui l'avait tellement encouragée à faire du théâtre, avait déclaré : « Les épreuves forment la jeunesse. » Emma avait trouvé cette remarque parfaitement déplacée.

Même Rob n'avait pas compris. Quand elle l'avait appelé en sanglotant, il avait dit :

— Ça marchera mieux la prochaine fois ! Et comme ça nous pourrons passer plus de temps ensemble et parler enfin d'autre chose. Plus rien ne t'intéressait mis à part le théâtre.

— Qu'est-ce que tu en sais ? avait-elle jeté avant de lui raccrocher au nez.

Mais, au fond, ce qui la blessait vraiment, c'était d'avoir dit à tout le monde qu'elle aurait forcément le rôle. Elle ne devait pas être si bonne que ça, puisque c'était Alexa qui l'avait obtenu. Elle avait cru qu'il suffisait de se montrer, pleine d'assurance et entreprenante comme Julie, pour avoir des tas d'amis. Résultat, elle se retrouvait complètement isolée.

56

MERCREDI NOIR POUR LES BRUTES

— Je viens de voir ton père entrer dans le bureau de M. Todd, annonça Laura à Sumitha, le mercredi matin, au début des cours. Que se passe-t-il ?

— Eh bien, ne le dis à personne, mais c'est au sujet de Sandeep, dit Sumitha en faisant une grimace. Il s'est fait racketter.

— C'est affreux !

— Je m'en veux terriblement. J'aurais dû me douter de quelque chose. Sandeep se traînait comme une âme en peine... et moi, je n'arrêtais pas de le traiter de bébé.

— Ne t'inquiète pas, dit Laura en posant une main sur l'épaule de son amie pour la réconforter. Ton père et M. Todd vont arranger ça.

— Je l'espère. Je l'espère vraiment.

Matthew Barnes et Kevin Bott se tenaient, les yeux baissés, devant le bureau du proviseur.

— Je vous présente M. Banerji, le père de Sandeep, commença M. Todd. Il voudrait vous parler.

— Allons droit au but. Allez-y, moquez-vous de

moi, demandez-moi de l'argent et, si je vous tiens tête, frappez-moi. Nous n'avons pas de temps à perdre, vous ne devez pas manquer le début de vos cours ; alors commençons tout de suite !

Matthew et Kevin le dévisagèrent, stupéfaits.

— Vous me semblez perplexes ! J'aurais mal compris ? Ce n'est pas de cette manière que vous procédez ?

Matthew et Kevin restèrent muets, de plus en plus mal à l'aise.

— N'est-ce pas ainsi que vous vous êtes comportés avec mon fils ? Pourtant je suis comme lui, j'ai la peau brune, j'aime la tranquillité... je déteste me faire remarquer. Alors qu'attendez-vous pour m'agresser ?

— C'était pas méchant. On voulait juste s'amuser, risqua Kevin.

— Ah, je vois. Vous faisiez ça uniquement pour le plaisir ? Eh bien, je vous plains de tout mon cœur.

Les garçons le regardèrent avec surprise.

— Ça vous étonne ? C'est vrai ! Pour agir de façon aussi lâche et méprisable, vous devez être vraiment très malheureux. J'espère que vous, vos parents et M. Todd parviendrez à régler cette sinistre affaire, parce que je ne souhaite à personne, pas même à vous, de souffrir autant que vous avez fait souffrir mon fils. C'est tout ce que j'avais à vous dire. Je laisse à M. Todd le soin de décider de votre sort.

— À moi et aux sixièmes, précisa le proviseur en se levant. La classe se réunira la semaine prochaine pour les juger. Merci d'être venu, M. Banerji ; je vous suis très reconnaissant.

Sumitha rattrapa son père alors qu'il quittait le bâtiment.

— Alors, papa, comment ça s'est passé ? Ça va s'arranger ?

— J'espère que Kevin et Matthew comprendront la leçon, répondit son père avec un sourire sans illusion. De notre côté, nous devons aider Sandeep à reprendre confiance en lui. Mais il revient à chacun d'entre nous, petit ou grand, de ne pas tolérer ce genre de violence. Et le cas échéant, d'avoir le courage de les dénoncer, comme Victoria. Le problème c'est que Sandeep a eu peur d'en parler ; il aurait dû venir tout de suite nous trouver, moi ou votre mère, ou toi ! Il aurait évité bien des ennuis.

— Si je ne l'avais pas envoyé balader, il se serait peut-être confié à moi, dit Sumitha, les larmes aux yeux.

— Et pour finir je voudrais vous annoncer deux bonnes nouvelles, déclara M. Todd à l'ensemble des élèves. Toutes nos félicitations à Alexa Browning, élève de sixième, qui vient d'être choisie pour interpréter le rôle d'Estella dans *Les Grandes Espérances* au Théâtre Royal.

Il marqua une pause tandis que les applaudissements éclataient. Emma se mordit la lèvre.

— Pas de chance, dit Julie en lui touchant l'épaule. T'en fais pas, il y aura d'autres rôles pour toi. Tu as vraiment du talent, tu sais.

Emma la regarda, surprise de la voir compatir à sa déception.

— Dis-moi, continua à mi-voix Julie, tandis que les applaudissements diminuaient, on pourrait peut-être redevenir amies ? Je suis désolée d'avoir si bêtement réagi pour toi et Rob.

— Oh, oui, avec plaisir. Tu m'as tellement manqué !

— À moi aussi.

— Enfin, continua M. Todd, j'ai le plaisir de vous annoncer que M. Sharpe, notre nouveau professeur de biologie, vient de se fiancer avec Mlle McConnell.

Des murmures s'élevèrent dans la salle et un plaisantin lança :

— Vous n'avez pas perdu de temps, monsieur !

Sumitha sentit sa gorge se serrer. Paul, son Paul, allait se marier ! C'était impossible. Elle l'aimait tant ! Que pouvait-il trouver à la timide Mlle McConnell ?

Puisque c'était comme ça, qu'il ne compte plus sur elle le jeudi pour son fichu club de sciences naturelles !

— Victoria peut venir dîner à la maison ? demanda Sandeep à sa mère, ce soir-là.

— Excellente idée, répondit celle-ci.

— Il est amoureux ! le taquina Sumitha.

Sa mère lui jeta un regard noir.

— Tu peux parler, toi, rétorqua Sandeep. Mais maintenant que M. Sharpe va se marier, ce n'est plus la peine de lui faire les yeux doux !

— Va te faire voir ! répondit Sumitha en lui souriant sans méchanceté.

Sandeep lui tira la langue et éclata de rire.

« Eh bien ! Quel changement ! » songea Chitrita.

57

SUPER-GIGA !

Chez les Gee, l'excitation montait à mesure qu'approchait le jour de l'ouverture du restaurant. L'événement avait fait l'objet d'une bonne publicité, grâce à Ginny, qui avait obtenu que le journal local lui consacre trois quarts de page. Elle avait également convaincu Hot FM d'émettre son émission hebdomadaire, « Le Club des Gourmets », depuis les cuisines du *Giga*.

Barry suggéra à Will Garland, homme d'affaires très en vue, de donner une soirée privée la veille de l'ouverture officielle.

— Nos amis pourront ainsi découvrir nos spécialités et ce sera un excellent entraînement pour notre personnel, expliqua Barry.

— Mes amies pourront venir aussi ? demanda Julie, ravie de profiter de l'aubaine.

— Bien sûr. Et tu sais ce qui me ferait plaisir, ajouta-t-il timidement, ce serait que tu viennes avec elles à l'inauguration pour distribuer les petits fours et les prospectus. Mais, bien sûr, si tu trouves mon idée stupide...

— Au contraire, ce serait génial ! Dis-moi, je voulais te demander, papa...

— Oui, chérie ?

— Je pourrais avoir un peu d'argent ? Je n'ai absolument plus rien à me mettre.

« Certaines choses ne changeront jamais », pensa Barry en sortant son portefeuille.

Julie et sa mère firent des folies. Ginny trouva le moyen de s'acheter un tailleur violet et un gilet d'une couleur banane très spéciale. Avec l'argent de son père, Julie s'acheta un pantalon taille basse en satin cuivré.

Puis, elles prirent un café et des beignets et eurent une longue conversation sur l'amitié, l'amour et le sens de la vie en général.

— Tu as revu ton amie Bex ? demanda Ginny.

— Seulement au lycée. Elle m'a dit qu'elle ne voyait plus Fee et sa bande.

— Tu pourrais l'inviter à la maison, un de ces jours.

— Mais je croyais que tu lui trouvais un look bizarre ? Enfin, papa, en tout cas.

— Eh bien, je lui suis très reconnaissante de t'avoir suivie, l'autre soir, pour s'assurer que tu allais bien. D'après le peu que tu m'en as dit, j'ai l'impression qu'elle n'est pas très heureuse. Et tant que tu gardes à l'esprit le vieil adage de ta grand-mère : « Fais-toi de nouveaux amis, mais garde les anciens... »

— « ... car si les uns sont d'argent, les autres sont d'or », termina Julie, en souriant. Je sais ! Emma vient demain après les cours. Nous sommes réconciliées. Aucun garçon ne mérite qu'on perde une amie pour lui !

— Décidément, tu fais des progrès ! dit Ginny en lui souriant.

On ne s'ennuyait pas non plus chez Laura.

— Quand cet enfant apprendra-t-il que la nuit est faite pour dormir ? soupira celle-ci, réveillée une fois de plus par les cris du bébé affamé.

— Le pauvre chéri, il n'a que trois semaines ! s'attendrit Emily en réchauffant un biberon.

— John aimerait dessiner son portrait... enfin, si Charlie arrête un jour de pleurer !

— Ça va bien entre vous, on dirait ?

Par superstition, Laura préféra ne pas répondre. Elle se pencha au-dessus du berceau de son petit frère et lui chatouilla les orteils. Le bébé sourit.

— Maman, maman ! il m'a souri !

— Ce n'est pas possible, ma chérie. Les bébés ne sourient pas avant six semaines.

— Si, il m'a souri, insista Laura. On voit bien qu'il est précoce... comme sa sœur !

Emily sourit à son tour. Charlie venait de se faire une fan pour la vie.

— Emma ! Téléphone ! appela Claire.

Emma dévala l'escalier et saisit le combiné.

— Rob ? Oh, excusez-moi. Bonjour, Mlle Olive. Pardon ? Oui. Quoi, moi ? Vraiment ? Cet été ? Oh, super-génial ! Merci. Merci mille fois. Oui, à samedi. Au revoir !

Elle raccrocha vivement et fonça vers la cuisine.

— Maman ! Maman ! Tu ne devineras jamais ! C'était Mlle Olive. Jack Huntley, tu sais, le metteur en scène des *Grandes Espérances* ? eh bien, il vient de...

— Emma, Emma, calme-toi. Je ne comprends pas un mot de ce que tu racontes, l'arrêta sa mère.

Emma prit une profonde inspiration.

— Le metteur en scène des *Grandes Espérances* montera *Emily ou Le Goût du cidre* cet été. Et il voudrait que j'interprète le personnage de Marjorie ! C'est un rôle super ! Je peux le faire, dis, maman, tu veux bien ?

— Eh bien...

— Je t'en prie !

— Tu ne prendras pas la grosse tête et tu ne seras pas odieuse avec nous ? demanda Claire sérieusement.

— Promis, dit Emma.

— Sumitha, je peux te parler ?

Victoria Morrant attendait Sumitha à la sortie du lycée.

— Oui, bien sûr. Ça va ? ajouta Sumitha, brusquement inquiète. Sandeep n'a pas de nouveaux ennuis ?

Victoria secoua la tête.

— Non, j'attends juste la fin de son entraînement de foot. Il m'a invitée à dîner chez vous. Je voulais juste m'excuser pour ce que je t'ai dit l'autre jour. Je sais que ce n'était pas ta faute, mais j'étais affolée et je ne savais pas quoi faire et...

— Si quelqu'un doit faire des excuses, c'est moi. J'étais tellement plongée dans mes petites préoccupations que je ne faisais pas attention à mon frère. Je sais qu'il est crampon par moments, mais j'aurais dû me rendre compte qu'il avait des ennuis. Heureusement que tu étais là !

Sandeep arriva en courant, rouge et essoufflé.

— Salut, Victoria ! lança-t-il. Euh, Sumitha, tu ne vas pas rentrer avec nous, hein ? S'te plaît ?

Sumitha sourit.

— T'inquiète !

58

DERNIÈRE PÉRIPÉTIE

— J'ai une idée géniale ! s'écria Barry le matin de l'ouverture.

— Ne parle pas si fort ! gémit Ginny qui avait bu trop de champagne la veille.

— Dis donc, Julie, continua-t-il, tes amies et toi, vous pourriez porter un béret et un T-shirt rayé, ce soir. Tu sais, comme dans « Allô, allô ».

— Non, mais tu débloques, mon pauvre papa. C'est une idée débile !

— Bon, tant pis.

— D'ailleurs, poursuivit Julie, j'ai bien l'intention de mettre mon nouveau pantalon, Laura aura un super-pattes d'éléphant en satin et Emma espère se faire offrir par sa mère un pull avec un col de fourrure !

— Eh bien, si le restaurant fait un flop, j'aurai au moins permis à l'industrie du prêt-à-porter de prospérer, soupira Barry.

— Tu vas faire un tabac, papa, le rassura Julie en éclatant de rire. Tout le monde dit que ta cuisine est top ! Et la grand-mère d'Emma a choisi le *Giga* pour son repas de mariage. Hé, peut-être même

qu'on parlera bientôt de toi dans le Gault et Millau !
— Au secours ! plaisanta Barry.

Julie et Laura se rendirent en fin d'après-midi au *Giga* pour préparer les tables. Ginny composa des bouquets magnifiques pendant que Barry, de plus en plus écarlate, faisait des allées et venues entre le bar et la cuisine en marmonnant dans sa barbe.

Quand elles eurent fini de plier la dernière serviette, Laura se laissa tomber sur une chaise en bâillant à se décrocher la mâchoire.

— Tu es déjà fatiguée, Laura ? s'étonna Ginny en enfonçant un arum dans un vase en cuivre.

— C'est à cause de Charlie. Il me réveille toutes les trois heures en hurlant à la mort. Qu'est-ce qu'on attend pour inventer une pilule de lait à diffusion lente ?

— Viens passer le week-end chez nous, proposa Julie. Tu es d'accord, maman ?

— Bien sûr ! Va dans le bureau si tu veux passer un coup de fil à ta mère, Laura.

— Oh, super ! Merci, madame Gee.

Julie en profita pour aller voir à la cuisine comment son père s'en sortait.

Elle ne le vit nulle part. Elle s'approcha d'une casserole pleine de sauce qui mijotait, et trempa son doigt dedans :

— Mmm, délicieux ! dit-elle à voix haute.

— Madame est trop bonne !

Julie se retourna d'un bond et vit devant elle, brandissant d'une main une cuillère en bois et de l'autre une aubergine, le plus beau garçon du monde.

— Salut, je suis Todd, le neveu de Will, dit-il en posant l'aubergine pour lui serrer la main. Je suis le nouveau second du chef... enfin, je serais plutôt stagiaire, mais second, ça sonne mieux.

— Salut. Je suis Julie, la fille de Barry.

— Super. Tu vas venir de temps en temps ? demanda-t-il, souriant jusqu'aux oreilles.

— Oui, bien sûr, répondit Julie, prête à partir sur Mars si Todd pilotait la fusée.

— Dis, tu veux me rendre un service ? Il faut juste couper ces champignons. Je suis débordé. Avec ton père, on n'a pas le temps de souffler !

C'est ainsi que Julie apprit que Todd habitait chez son oncle, ne connaissait personne à Leehampton et n'avait pas de petite amie attitrée.

— Ça te dirait de sortir avec moi, demain ? lui proposa-t-il. Je n'ai que le dimanche de libre. On pourrait aller au cinéma ?

Julie hésita. Il était trop craquant, mais... elle n'allait pas déjà commencer à laisser tomber ses copines. Non, même pas pour le plus beau garçon du monde.

— Je suis désolée, mais j'ai invité une amie à passer le week-end chez moi. Je ne peux pas la décommander.

— OK, pas de problème, dit Todd en jetant une poignée d'herbes dans une casserole. Une autre fois, peut-être ?

— Oui. Peut-être, répéta Julie avec un grand sourire.

Cet ouvrage a été composé par
PCA - 44400 REZE

Imprimé en France sur Presse Offset par

BRODARD & TAUPIN

GROUPE CPI

12992 La Flèche (Sarthe), le 05-06-2002

Dépôt légal : juin 2002

POCKET jeunesse

12, avenue d'Italie • 75627 PARIS Cedex 13

Tél. : 01.44.16.05.00